C.H.BECK WISSEN

Francisco Goya (1746–1828) war eine singuläre Gestalt in der europäischen Kunstgeschichte. Politisch stand er auf dem Boden der liberalen spanischen Verfassung. Gleichwohl war er Hofmaler in Madrid und lavierte sich durch die wechselhaften Zeitläufte mit ihren Phasen der politischen Repression. Seine Gemälde und Graphiken revolutionierten die Kunst und stellten den Zeitgenossen vor Augen, dass Vernunft und Aufklärung immer gefährdet sind und jederzeit in Gewalt und Wahn umschlagen können. Auch Goyas bildliche Anklagen des Krieges entfalten ihre Wucht bis heute. Werner Busch zeigt den Künstler als hellsichtigen Beobachter, welcher der Moderne einige ihrer eindrücklichsten Bilder gegeben hat.

Werner Busch lehrte von 1988 bis 2010 als Professor für Kunstgeschichte an der Freien Universität Berlin. Bei C.H.Beck sind von ihm u.a. erschienen: «Das sentimentalische Bild» ([2]1997), «Caspar David Friedrich. Ästhetik und Religion» ([2]2008), «Das unklassische Bild» (2009) und «Adolph Menzel. Auf der Suche nach der Wirklichkeit» (2015).

Werner Busch

GOYA

Verlag C.H.Beck

Für Fred Licht

Mit 51 Abbildungen, davon 16 in Farbe

Originalausgabe

Satz: Fotosatz Amann, Memmingen
Druck und Bindung: Druckerei C.H.Beck, Nördlingen
Umschlaggestaltung: Uwe Göbel, München
Umschlagabbildung: Goya, Selbstbildnis im Atelier (Ausschnitt), ca. 1790, Öl auf Leinwand, 42 × 28 cm, Madrid, Real Academia de San Fernando, © akg-images
Printed in Germany
ISBN 978 3 406 72755 9

www.chbeck.de

Inhalt

Vorbemerkung

Ein kleines Buch über Goya zu schreiben, ohne das schon mehrfach Erzählte zu wiederholen, ist nicht einfach. Für viele Kunsthistoriker ist Goya ein Bekenntniskünstler. Seine drastische, erschreckende Anklage des Krieges fordert – zu Recht – eine humanistische Einverständniserklärung heraus. Das Ablegen eines derartigen Bekenntnisses führt jedoch leicht dazu, dass im Detail nicht mehr nachgefragt wird. Nun hat die spanische Kunstgeschichte in den letzten zwei bis drei Jahrzehnten, was lange verabsäumt wurde, umfassendes Quellenmaterial zu Goya bereitgestellt, doch sind die Ergebnisse nur in Grenzen rezipiert worden. Die ältere engagierte Forschung hat durchaus auf die besondere Rolle der permanentem radikalen Wandel unterliegenden spanischen Geschichte abgehoben. Eine stringente historische Einbettung Goyas fehlt allerdings immer noch. Ihr Ergebnis müsste es sein, Goyas ambivalente Haltung den Ereignissen gegenüber hervorzukehren, indem sie die Konsequenzen der politischen und sozialen Entwicklung im individuellen Werk aufspürt. Der folgende Text versucht ansatzweise eben dies, soweit es auf beschränktem Raum überhaupt möglich ist. Allein auf diesem Wege scheint ein unverstellterer Blick auf Goya möglich.

Der Autor dankt erneut dem Verlag C.H.Beck und in Sonderheit der Lektorin Stefanie Hölscher für die Möglichkeit, diesen Band schreiben zu können. Der größte Dank allerdings gebührt Gudrun Maurer, Kuratorin am Prado in Madrid und dort zuständig für Goya. Sie hat mein Manuskript kritisch gelesen und eine ganze Reihe von faktischen Fehlern und Ungereimtheiten korrigieren können, die die Forschung lange mit sich herumgeschleppt hat und die ich ohne ihre Hilfe fortgeschrieben hätte. Zudem hat sie mich über Jahre mit der neuesten spanischen Literatur zu Goya versorgt – nicht selten von ihr selbst verfasst.

I Prolog: Goyas Selbstbildnis mit seinem Arzt Arrieta

Ende 1819 erkrankte Goya zum zweiten Mal in seinem Leben schwer, es war, so schien es, eine Krankheit zum Tode. Ein erster Krankheitsschub hatte ihn in Ansätzen Ende 1792 und grundsätzlich Anfang 1793 heimgesucht. Goyas Ertaubung war die Folge. Zu diesem Zeitpunkt war er, 1746 im aragonesischen Fuendetodos geboren, längst ein nicht nur bei Hofe anerkannter Maler.

Er hatte als regionaler Kirchenmaler begonnen, strebte aber von vornherein nach Höherem. Früh versuchte er, in Madrid Fuß zu fassen, zuerst ohne rechten Erfolg. Offenbar zielte er auf Anton Raphael Mengs, der 1761 an den Hof in Madrid berufen worden war und mit seiner klassizistischen Kunstauffassung dem spätbarocken Giovanni Battista Tiepolo Konkurrenz machte, der ebenfalls aus Italien an den Hof geholt worden war. Wohl bis 1771 war Goya Schüler des wenig älteren Francisco Bayeu, und obwohl sich zwischen beiden eine Konkurrenzsituation ergab, erwies sich die Verbindung als günstig. Denn Bayeu wurde von Mengs am Madrider Hof beschäftigt und zog Goya mit, der 1773 Bayeus Schwester geheiratet hatte. Auf Bayeus Rat hin war Goya bereits 1770/71 in Italien gewesen, hatte bei einem Wettbewerb an der Akademie in Parma Erfolg gehabt und wurde schließlich von Mengs 1774 an den Hof in Madrid berufen.

Von 1775 bis 1792 arbeitete Goya als Entwerfer für die Teppichmanufaktur Santa Barbara in Madrid. Daneben war er weiterhin als Kirchenmaler tätig, lieferte Altarbilder und Fresken. Als er 1780 Mitglied der Academia de San Fernando wurde, stiegen seine Ansprüche. Er begann, Porträts von einflussreichen Persönlichkeiten zu malen, arbeitete unter anderem für den Infanten Don Luis und die Herzöge von Osuna. Schon jetzt malte er weniger für den alten Adel als vielmehr für reformwillige Adlige und Finanziers. Auch versuchte er, die kirchlichen Aufträge zu minimieren. Wie wir später sehen werden, erklärt sich dies leicht aus der Spannung zwischen dem konservativen Altadel und der Kirche auf der einen Seite und dem Hof unter dem liberalen, der Aufklärung nahestehenden König Karl III. sowie den Reformorientierten auf der anderen Seite. Goyas Aufstieg am Hof erfolgte relativ schnell. Zusammen mit Ramón Bayeu, dem Bruder seines Lehrers Francisco Bayeu, wurde er 1786 *Pintor del Rey*, königlicher Maler, 1789 Hofmaler (*Pintor de Cámara*). Er malte Porträts des Königs Karl IV. und der Königin María Luisa.

Doch dann kam der große Einschnitt durch die Krankheit. Bis heute ist ungeklärt, worum es sich dabei wirklich gehandelt hat. Goya hatte gerade seinen Report zum akademischen Curriculum abgeliefert, der eine deutliche Distanz zu einer klassisch-akademischen Kunstauffassung markierte und individuelle künstlerische Freiheit propagierte. Mit königlicher Genehmigung ging er nach Andalusien und wurde in Sevilla von der Krankheit erst recht geschlagen. Bis Juni 1793 blieb er in Cádiz unter der Obhut von Sebastián Martínez, einem wohlhabenden Kaufmann mit einer riesigen Kunstsammlung, die Goya in verschiedener Hinsicht zugute kam, besonders durch Martínez' bedeutenden Bestand an englischen Karikaturen. Goya kehrte danach zwar nach Madrid zurück und nahm wieder an den Sitzungen der Akademie teil, doch zog er sich aufgrund seiner Krankheit mehr und mehr aus allen Ämtern und Verpflichtungen zurück und konnte nun überwiegend als freier Unternehmer agieren. Er suchte sich seine Aufträge selbst, wenn er auch wegen des Gehalts zeitlebens Hofmaler blieb, ja, 1799 zum ersten Hofmaler avancierte. Seine Freunde und Auftraggeber fand er zu einem Gutteil unter den liberalen Intellektuellen, die nicht selten auch in freieren Phasen Regierungsverantwortung übernahmen.

Im Folgenden waren die Zeitläufte von extremer Unsicherheit geprägt, die politischen Verhältnisse änderten sich permanent, kurzfristige liberale Phasen wurden von reaktionären, auf den alten Adel und die Kirche mitsamt der Inquisition gestützten Machtkonstellationen abgelöst. Die Könige ruinierten das Land schrittweise, mal dominierten in Spanien die Franzosen, mal die Engländer und dann wieder die Reaktion. So blieb Goya nichts anderes übrig, als sich durch die Zeitläufte zu lavieren. Er hing der immer nur kurzfristig gültigen liberalen, nach französischem Vorbild formulierten Verfassung von Cádiz aus dem Jahre 1812 an und zählte zum Kreis der *afrancesados,* der Franzosenfreunde. Seine liberalen und vor allem die in politischen Ämtern tätigen Freunde wurden verfolgt, eingekerkert und emigrierten in verschiedenen Phasen nicht selten nach Frankreich – was Goya am Ende seines Lebens ebenfalls nötig zu sein schien.

1819, als ihn die Krankheit das zweite Mal niederwarf, war er bereits 73 Jahre alt. Seit der Rückkehr des reaktionären Königs Ferdinand VII. 1814 war die Verfolgung von Liberalen besonders ausgeprägt, und auch Goya sah sich zu Vorsicht veranlasst, obwohl es ihm gelang, seinen Status als Hofmaler zu erhalten. Er kaufte sich 1819 am Rande von Madrid die Quinta del Sordo, das Landhaus des Tauben – ob er dort gewohnt oder nur gemalt hat, bleibt unklar. Bevor er mit der Ausmalung der Quinta mit den sogenannten Schwarzen Bildern begann, fertigte er 1820 das Selbstbildnis mit seinem Arzt Arrieta (Abb. 9) als Dank für die Errettung vor dem Tod. Dieses Selbstbildnis scheint dazu geeignet, eine derartige Fülle von grundsätzlichen Eigenheiten und Problemen von Goyas Kunst zu thematisieren, dass wir seine Behandlung an den Anfang stellen wollen.

War schon die Phase der Napoleonischen Kriege von 1808 bis 1814 fürchterlich gewesen, wie Goyas «Desastres» bezeugen, so mussten die Verhältnisse nach Ferdinands Rückkehr Goya als gänzlich hoffnungslos erscheinen. Es kam zu einer wahren Liberalenhatz, die Inquisition wurde wieder eingerichtet. Ferdinand schien an Goyas Kunst und Kunstauffassung nicht im Geringsten interessiert, ahnte in ihm mit Notwendigkeit den Oppositionellen. Spaniens amerikanische Kolonien gingen verloren, die Minister waren völlig zerstritten, der Staat war mehr oder weniger bankrott, die Unzufriedenheit im Land wuchs. Erste Verschwörungen in den Jahren 1817 und 1819 scheiterten, doch am Neujahrstag 1820 revoltierte General Rafael del Riego, marschierte mit seinen Soldaten durch Andalusien, proklamierte allerorten die Wiedereinrichtung der aus dem Jahr 1812 stammenden Konstitution von Cádiz und löste damit eine Aufstandswelle aus. In Madrid zwang die Bevölkerung den König, auf die liberale Verfassung zu schwören, seine Regierung brach zusammen. Noch einmal gelang es den Liberalen, die Politik zu bestimmen – allerdings nur bis 1823. Dann nämlich schickte Frankreich unter Ludwig XVIII. mit der Unterstützung der Heiligen Allianz Truppen nach Spanien, um der liberalen Politik ein Ende zu bereiten. Ferdinand wurde wieder installiert, schaffte sofort die Verfassung wieder ab, die alten Machtverhältnisse wurden erneuert. Ein letztes Mal wurde auch die Inquisition wieder eingerichtet, und noch einmal wurden die Liberalen mit allen Mitteln verfolgt, General Riego wurde hingerichtet. Ein Exodus liberaler Intellektueller und Politiker begann, dem sich auch Goya nicht mehr verschließen konnte. Trotz einer aus politischem Kalkül gewährten Generalamnestie im Mai 1824 ging er ins Exil nach Bordeaux.

Angesichts dieser Verhältnisse stellen sich zwei Fragen. Zum einen: Wo genau ist Goyas «Selbstbildnis mit seinem Arzt Arrieta» einzuordnen, und inwieweit haben die Verhältnisse auf seine Konzeption abgefärbt? Die zweite Frage soll erst später beantwortet werden: Wie erklärt es sich, dass die Schwarzen Bilder in ihrer erschreckenden, wahnhaften Verfasstheit exakt in der kurzen liberalen Phase von 1820 bis 1823 entstehen konnten, die doch auch von Goya freudig begrüßt wurde, wie nicht nur die zu dieser Zeit hinzugefügten Blätter zu seiner graphischen Serie der «Desastres» verdeutlichen können? Die Quinta del Sordo hatte Goya im Februar 1819 gekauft, die Erkrankung setzte im Winter desselben Jahres ein. Riegos Revolution begann wie erwähnt am 1. Januar 1820, und im März musste Ferdinand auf die Verfassung schwören. Das fertige Selbstbildnis Goyas mit seinem Arzt ist 1820 datiert. So müssen wir davon ausgehen, dass die Krankheit den Endpunkt einer verzweifelten Phase darstellte und das Bild der Errettung aus diesem Zustand zu einem Zeitpunkt erneuerter Hoffnung entstand.

Die Anlage des Gemäldes ist komplex. Goya hat auf verschiedene, einander durchdringende Traditionen zurückgegriffen. Was sie für das Verständnis des Bildes bedeuten, wird kontrovers diskutiert. Bis heute hat das Bild, so viel darüber auch geschrieben wurde, keine strukturelle Analyse erfahren, die nicht nur die ikonographischen Traditionen in Rechnung stellt, auf die Goya rekurriert, sondern auch die perspektivische und anatomische Anlage und die sehr unterschiedliche Präzision der Wiedergabe. Daher gilt es zu fragen, wie sich all dies zueinander verhält. Es wird sich – nicht nur in diesem Falle – zeigen, dass das Faktisch-Gegenständliche zwar wichtig ist, jedoch nur über die Erscheinung des Faktischen und seine Wirkung ein Zugang zu einem Großteil von Goyas Kunst zu gewinnen ist. Dabei ist es durchaus nicht selten, dass das Faktische und seine Erscheinung im Bilde in einem Spannungsverhältnis zueinander stehen. Was wiederum ein Stück weit erklären kann, warum es derartig voneinander abweichende Ausdeutungen von Goyas Bildern gibt. Das liegt schlicht daran, dass die Verbalisierung der Erscheinungsphänomene notwendig subjektiv bleibt. Verzichtet man allerdings darauf, das Faktische und seine Erscheinung in ein Verhältnis zu setzen, dann sind der Willkür Tor und Tür geöffnet.

Aber auch das Faktische erschöpft sich nicht in gegenständlicher Benennung. Kurz: Wir haben zu realisieren, dass bei Goya Zeichen und Bezeichnetes häufig sehr viel weiter auseinander liegen als bei anderen Künstlern. Schon vorab kann gesagt werden, dass sich dies einer literarischen, ironisch-skeptischen Tradition verdankt, die sich mit den Namen von Erasmus, Cervantes oder Quevedo verbindet, und dass es bei Goya, selbst bei vielen seiner religiösen Bilder, keine positive, affirmative Bedeutungssetzung mehr gibt. Goya kann die Gegenwart eigentlich nur noch kritisch-negativ sehen, er kann nicht mehr an das Gute im Menschen glauben und hat deswegen auch Schwierigkeiten mit der Schönheitlichkeit der Kunst. Jegliches Ideal gerät ihm außer Reichweite.

Auf dem etwa 115 x 80 cm großen Bild sind Goya und Arrieta in Halbfigur frontal wiedergegeben. Der Arzt hat seinen Patienten im Bett von hinten aufgerichtet, stützt ihn mit seinem Körper und der linken Hand an der Schulter. Mit der Rechten, die wie ein Riegel vor Goyas Leib geschoben ist, reicht er ihm einen Heiltrank. Goya, dessen Rechte auf dem Betttuch liegt, in das die Linke sich krampft, hat den Kopf nach hinten und zur Seite sinken lassen, sein Gesicht ist aufgedunsen und erschlafft, Augen und Mund öffnen sich nur leicht und mühsam, er ist nur noch halb bei sich. Hinter der Gruppe tauchen im Halbschatten, schwer zu identifizieren, drei Gestalten auf, von denen man kaum mehr als Schemen ihrer Köpfe sieht. Sie haben zu allerlei Spekulationen Anlass gegeben: Trauerweiber hat man in ihnen sehen wollen, die sich angesichts des zu erwartenden Todes von Goya bereits eingefunden hätten, vor allem aber vermeinte man aufgrund ihrer schemenhaften Erscheinung Dämonen oder Geister zu erblicken, die Goya zu Tode ängstigten. In der Tat gibt es Derartiges in Goyas Bildern, doch dann haben die Dämonen groteske Tiergestalt und keine Menschengesichter. Die *ars moriendi*, die Kunst des Sterbens, hat man berufen, aber auch Engel wurden als Begleitpersonal gesehen, damit wurde das Bild mit christlicher Erlösungshoffnung verbunden.

Den christlichen Zusammenhang sah man gewährleistet durch den am Fuße des eigentlichen Bildes deutlich abgetrennten zweizeiligen Schriftbalken, der Folgendes festhält: «Goya ist seinem Freunde Arrieta dankbar für die Sorgfalt und Fürsorge, mit der er sein Leben rettete bei seiner kurzen und gefährlichen Krankheit, erlitten am Ende des Jahres 1819, im Alter von 73 Jahren. Er malte dies 1820.» Damit deklariert Goya, wie man auch immer gesehen hat, das Gemälde zu einer Art Votivbild, einer Gattung, wie sie nicht nur in Spanien vor allem in Wallfahrtskirchen zahlreich zu finden ist. Mit einem Votivbild bedankt sich der Stiftende bei Maria, einer Heiligenfigur oder einem Märtyrer für seine durchaus wundersame Errettung aus großer Not oder für Heilung von Krankheit oder Unfall. Doch auch die Adaption christlich-ikonographischer Schemata hat man für Goyas Bild in Anschlag gebracht. In der Darreichung des Heiltranks vermeinte man einen Hinweis auf den bitteren Kelch zu erkennen, den ein Engel Christus am Ölberg reicht oder der

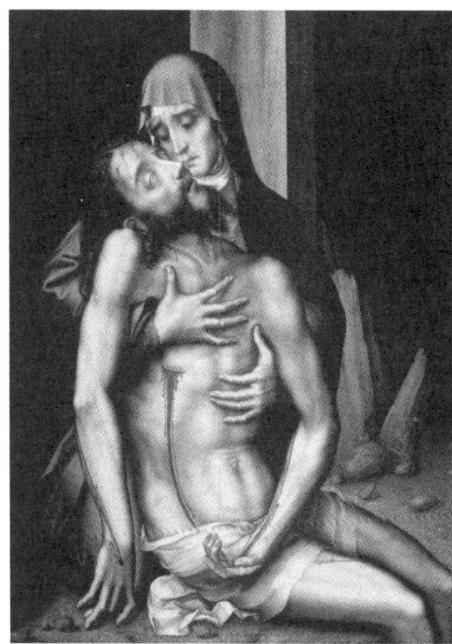

1 Luis de Morales, Pietà, um 1500, Öl auf Holz, 126 x 98 cm, Madrid, Real Academia de San Fernando

Christus dort erscheint und von dem er wünschte, er würde an ihm vorübergehen, den er aber dann doch akzeptiert, um den Heilsplan zur Erfüllung kommen zu lassen.

Von der ikonographischen Figuration her näher liegt allerdings der Verweis auf Pietà-Gruppen, wie sie in verschiedener Form auch in Spanien geläufig waren, besonders bei dem Spezialisten für dieses Thema Luis de Morales (Abb. 1). Hier wird der tote Christus, bevor er ins Grab gelegt wird, dem Mitleiden des Gläubigen anheim gegeben, indem er von Maria frontal präsentiert wird. Sein Kopf sinkt zurück, ganz wie bei Goya, die gebrochenen Augen und der leicht geöffnete Mund finden sich ebenfalls, und selbst die Hände, von denen die eine herunterhängt, während die andere um die Nagelwunde gekrampft ist, lassen sich unmittelbar mit Goyas Darstellung vergleichen. An der Übernahme des ikonographischen Typus durch Goya kann es daher wenig Zweifel geben. Noch dazu existieren bei Luis de Morales Fassungen mit Begleitfiguren, entweder hinterfangen

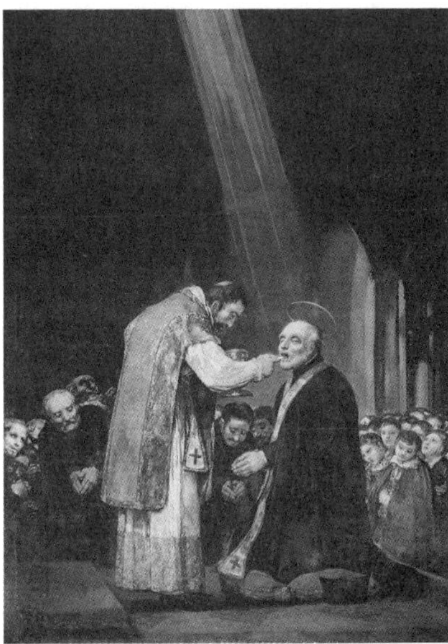

2 Goya, Die letzte Kommunion des hl. Calasanzio, 1819, Öl auf Leinwand, 250 x 180 cm, Madrid, Escuelas Pías de San Antón

sie die Pietà-Gruppen, wobei es sich dann um Maria Magdalena und Johannes, aber auch um Engel handeln kann, oder die Darstellung wird zum Triptychon, bei dem die trauernden Begleitfiguren auf gesonderten Tafeln erscheinen. Selbst Fassungen mit drei Begleitpersonen finden sich.

Doch was ist aus dieser Typenangleichung zu schließen? Inwieweit wird bei Goya mit dem Typus dessen christlicher Gehalt übernommen? In Minneapolis, wo Goyas Bild aufbewahrt wird, hat man die Hintergrundfiguren genauer untersucht. Aus Andeutungen bei den beiden linken Figuren kann man wahrscheinlich machen, dass es sich um einen Priester handelt, der zur letzten Kommunion und zur Letzten Ölung erschienen ist und von zwei Offizianten begleitet wird. Mit einiger Mühe kann man den Kelch eines Glases und links daneben eine flache Schale für die Letzte Ölung erkennen. Damit wäre eine denkbare reale Szene vorgeführt, und dies erscheint auch im Zusammenhang der Gattung Porträt mehr als wahrscheinlich. Doch

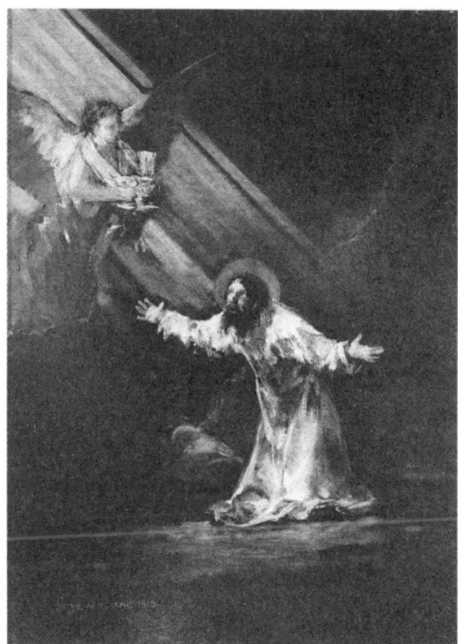

3 Goya, Christus am Ölberg, 1819, Öl auf Leinwand, 47 x 35 cm, Madrid, Escuelas Pias de San Antón

was könnte diese Beobachtung für die christliche Dimension besagen?

Der Versuch einer Antwort sei noch für einen Moment zurückgestellt und zuvor ein Blick auf zwei religiöse Bilder Goyas geworfen, die beide 1819 datiert sind und damit unmittelbar vor dem Selbstbildnis mit Arzt entstanden. Beide Bilder wurden von den Escuelas Pías de San Antón in Madrid in Auftrag gegeben. Das erste, ein großes Altarbild, zeigt die letzte Kommunion des Heiligen Giuseppe Calasanzio (Abb. 2). Der Heilige, kaum noch von dieser Welt, kniet vor einem Priester, der die Eucharistie vollzieht, indem er ihm mit der Rechten das Brot als den Leib Christi reicht und in der Linken den Weinkelch hält, um auf das Blut Christi zu verweisen. Ein Erlösungsstrahl fällt aus dem Himmel auf den Heiligen, unterhalb der Altarstufen begleitet das Geschehen eine unruhige Gemeinde. Das zweite, sehr viel kleinere Bild zeigt Christus am Ölberg mit ausgebreiteten Armen in seiner Klage, doch im göttlichen Strahl erscheint ihm ein Engel mit dem Kelch (Abb. 3). Zu Recht hat man vermutet, dass Goya sich hier an Tizians Bild gleichen Themas orientiert, doch weniger, wie man vorgeschlagen hat, an der späteren Fassung im Prado, auf der Christus klein im Hintergrund erscheint und die nicht unumstritten ist, sondern an der etwas früheren Fassung mit dem nahsichtigen Christus im Escorial, auf der auch der Engel mit Kelch sichtbar erscheint. Der englische Begriff für diesen Bildtypus, «The Agony in the Garden», beschreibt zutreffend Christi Zustand – und auch Goya scheint der Agonie, dem Todeskampf, verfallen. Nun sind sowohl «Die letzte Kommunion des hl. Calasanzio» wie auch der «Christus am Ölberg» christliche Historien in kirchlichem Auftrag und reihen sich in die Tradition der Themen ein. Wenn auch beide vom Tod sprechen, so ist doch notwendig auch die Erlösung durch den göttlichen Strahl verbildlicht.

Es scheint mir legitim, im Selbstbildnis mit Arrieta Goyas individuelle Antwort auf die beiden kirchlichen Bilder zu sehen. Er misst seine Erfahrung an der tradierten Form des Votivbildes, er paraphrasiert den Pietà-Typus, verweist auf die letzte Kommunion und die letzte Ölung, auf den Tod eines Heiligen und fragt sich nach seiner Erfahrung des vermeintlichen Todesmomentes. Seine Antwort ist allein der Glaube an die säkulare Rettung und ein Zweifel an allem anderen, das dennoch mitgedacht werden muss.

Für diese Deutung spricht zudem zweierlei: zum einen die Wandlung des Themas der letzten Kommunion im 18. Jahrhundert und Goyas Auffassung von Perspektive bzw. Raum und von Anatomie zum anderen. Erstere lässt sich an einem Beispiel und seiner unmittelbaren Nachfolge demonstrieren. Giuseppe Maria Crespi hat wohl 1712 eine Sakramentenserie für den großen Kunstsammler Kardinal Pietro Ottoboni gemalt. Der lockere Malstil, der durchgehende Grisailleton, vor allem aber das hervorgekehrte unmittelbar Zeitgenössische der gezeigten kirchlichen Handlungen machen deutlich, dass die Bilder Kunststücke, Reflexionen über kirchliche Vorgänge darstellen, die nicht im Zusammenhang kirchlicher Praxis stehen können. Die zeitgenössische Reaktion auf die Bilder hat die Forschung hochgradig irritiert und dazu geführt, dass der Quellenwert dieser Äußerungen gänzlich bestritten wurde. Bei Giampietro Zanotti, in seiner «Storia dell' Accademia Clementina di Bologna» von 1739, heißt es, die genaue – gemeint ist offensichtlich die zeitgenössische – Wiedergabe der sakramentalen Vorgänge habe jedermann zum Lachen gebracht. Und Luigi Crespi, der Sohn des Künstlers, berichtet 1769, die Idee zu dem Zyklus sei dem Vater gekommen, als er eines Tages in der Kirche eine Beichte beobachtet habe und durch ein zerbrochenes Kirchenfenster das Licht auf den Priester gefallen sei, was besondere Reflexionseffekte hervorgerufen habe. Das darzustellen habe ihn gereizt. Hinter derartigen Künstleranekdoten verbergen sich so gut wie immer kunsttheoretische Verweise. Für beide Berichte müssen wir wohl lesen: Zeitgenössisches zeitigt über die genaue Befolgung des sich zufällig Ereignenden in der Wiedergabe immer einen im weiteren Sinne komischen Effekt. Für den Künstler kann es nur darstellungswürdig werden, wenn er es durch die Art der Darstellung als ein bewusstes Kunststück deklariert, allein für den Kenner zu durchschauen.

Was ist das direkt «Komische» in diesem Zyklus? Das die kirchlichen Handlungen begleitende Personal ist in alle möglichen privaten Gespräche oder Geschäfte verwickelt, die für ein klassisches Bild in unstatthafter Weise vom Hauptgeschehen ablenken. Sie können sich gar über das Hauptgeschehen amüsieren wie die beiden Hintergrundpaare, die sich bei der Heiratsszene ganz offensichtlich über das ungleiche Paar mokieren, das vor den Priester getreten ist (Abb. 4). Entsprechendes findet sich bei so gut wie allen Szenen. Gesteigert wird dieser Aspekt noch in der unmittelbar auf Crespi reagierenden Sakramentenserie von Pietro Longhi von etwa 1755. Beide Serien wurden druckgraphisch reproduziert, so dass sie Goya in dieser Form zur Verfügung hätten stehen können. Was er daraus lernen konnte, ist in einem Satz zu sagen: Die Wiedergabe von Zeitgenössischem hebt mit einer gewissen Notwendigkeit die klassische Bildordnung mit ihrer klaren Über- und Unterordnung, ihrer eindeutigen Konzentration auf das Hauptgeschehen auf und stiftet einen reflexiven Modus, der das Gezeigte durch die aufgemachte

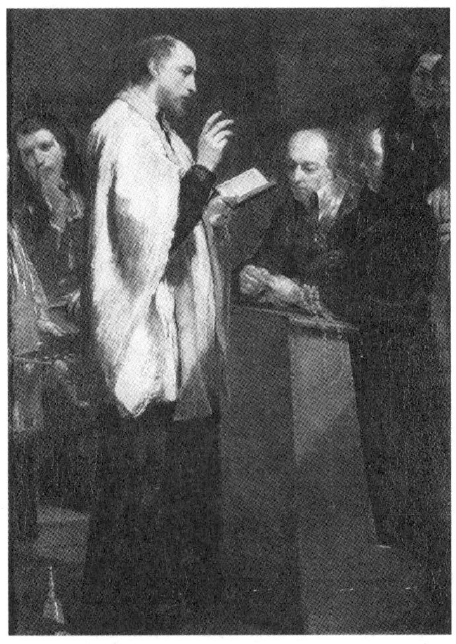

4 Giuseppe Maria Crespi, Das Sakrament der Ehe, ca. 1712, Öl auf Leinwand, 127 x 94,5 cm, Dresden, Gemäldegalerie Alte Meister

Spannung zum Diskussionsgegenstand macht. Der Betrachter nimmt Anteil an der Sinnkonstitution, er hat die entstandene Spannung zu deuten.

Damit stellt sich für Goyas Bild nicht nur die Frage, wie das Verhältnis von Begleitfiguren und Hauptgeschehen zu deuten ist, sondern auch, auf welche Weise ein Verstehenshorizont dieses Verhältnisses gestiftet wird. Zur Beantwortung kann eine Analyse von Goyas Auffassung von Perspektive und Anatomie verhelfen. Beginnen wir mit dem Vordergrund, der aus dem roten Bettüberwurf und dem weißen Laken besteht, und messen daran die Hintergrundgestaltung. Versucht man die Raumverhältnisse nüchtern zu überdenken, so stellt man fest, dass für Goyas Unterkörper, vor allem die Beine, schlicht kein Platz im Bett wäre. Dass sie aber dort lokalisiert werden müssen, wird da-

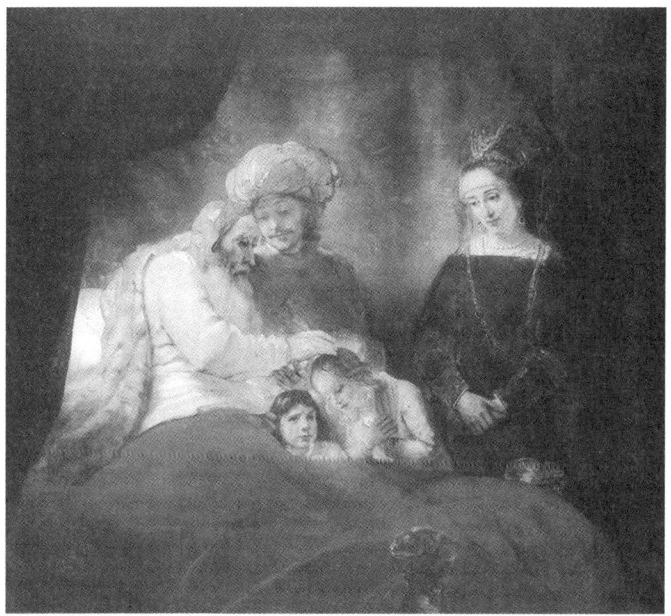

5 Rembrandt, Der Jakobssegen, 1656, Öl auf Leinwand, 173 x 209 cm, Kassel, Gemäldegalerie Alte Meister

durch deutlich, dass Arrieta seitlich auf dem hinteren Teil des Bettes sitzt. Objektiv, d. h. nach den Regeln der Perspektive und Anatomie, ist kein Platz für Goyas Unterkörper, subjektiv überzeugt die Darstellung dennoch, weil der starke Eindruck, den das Dargestellte macht, die Frage nach der Rationalisierung der Verhältnisse nicht aufkommen lässt.

Goya ist in dieser Hinsicht nicht ohne Vorläufer. Vor allem ist an Rembrandts «Jakobssegen» von 1656 zu denken (Abb. 5). Der alte blinde Jakob, der in seinem Bemühen sich im Bett aufzurichten von seinem Sohn Joseph gestützt wird, segnet den auserwählten Enkel Ephraim, was Joseph vorsichtig, aber vergeblich zu verhindern sucht, indem er die Segenshand auf den Kopf des älteren, nach jüdischem Recht erbberechtigten Manasse umzulenken gedenkt. Das Bett ist in leichter Schrägsicht wiedergegeben und wie bei Goya mit rotem Überwurf und weißem Betttuch versehen. Auch hier ist kein Platz für Jakobs Unterleib, und wieder dürfte der Betrachter dieses objektiv gegebene Manko nicht bemängeln, weil er es aufgrund der Ausdrucksqualität des Bildes nicht wahrnimmt. Dasselbe Phänomen findet sich im Übrigen auch bei Caravaggio. Alle drei Künstler zielen also nicht auf räumlich-perspektivische und anatomische Richtigkeit, sondern auf den überzeugenden Eindruck. Wo bei Goya die drei Begleitfiguren Platz finden sollen, warum sie derart verschattet erscheinen, erschließt sich nicht, ebensowenig wie zu sagen ist, wie Rembrandts Bett, gemessen an den Bettpfosten, sich erstrecken soll oder wo Manasse eigentlich steht oder kniet. Auch, um ein beliebiges Beispiel zu nennen, wie bei Caravaggios «Martyrium des Evangelisten Matthäus» in Rom in der Contarelli-Kapelle von San Luigi dei Francesi das zahlreiche Personal räumlich zu denken ist, lässt sich nicht klären. Es bleibt gänzlich unklar und ist dennoch in seiner Ballung als Steigerung der Dramatik völlig überzeugend.

Lebt ein Bild von seinem Ausdruck bzw. seiner Eindrücklichkeit, so dient gerade die Abweichung von den akademischen Regeln der Anatomie und Perspektive seiner Überzeugungskraft. Goya forciert dies noch, indem er nicht nur wie Rembrandt und Caravaggio auf die Eindrücklichkeit des Helldunkel setzt, sondern beispielsweise den rechts im Bild auftauchenden Kopf eines Begleiters so groß erscheinen lässt, dass er, wie auch die Schemenhaftigkeit der Darstellung, stark irritiert. Dadurch geht etwas Beängstigendes von diesen Begleitfiguren aus. Wir versuchen, das Dunkel, in das sie getaucht sind, zu durchdringen, ihrer Erscheinung Sinn zu geben, doch scheitern wir weitgehend. Selbst wenn wir nach langem Schauen und Überlegen erkennen, dass es sich um einen Priester und um Offizianten handelt, hebt diese Einsicht die Irritation nicht auf.

Wenn wir nun daran gehen, aus dem Erfahrenen einen Text zu machen, der in sich einige Schlüssigkeit verspricht, nach der alle Betrachtung strebt, dann kommen wir nicht umhin, dem Ausdruckscharakter bei der Sinnbeimessung eine entscheidende Rolle einzuräumen. Der Text könnte so lauten: Goya, von der

Krankheit schwer gezeichnet, selbst ohne Kraft und rechte Hoffnung, wird von seinem Arzt aufgerichtet, gestützt und durch energisches Eingreifen, die richtige Medizin und wohl auch Zuwendung gerettet. Priester und Offizianten, die sich angesichts des zu erwartenden Todes bereits eingefunden haben, werden in den Schatten zurückgedrängt und können ihres Amtes nicht walten. Goya kehrt ins Leben zurück und verdankt dies allein seinem Arzt, nicht dem Glauben an göttliche Errettung. Denn die gleich dreifache Adaption christlicher Bildformulare, ihr Transport in die Gegenwärtigkeit und ihre dortige Transformation säkularisieren die Vorlagen grundsätzlich. Die kirchlichen Formen, die in Goyas Spanien Gültigkeit hatten, werden außer Kraft gesetzt und sind nur noch als zu reflektierende Folie existent.

Was hier in einiger Ausführlichkeit vorgeführt wurde, ließe sich für eine Fülle von Goyas Werken wiederholen. So sollten wir bereits jetzt festhalten: 1. Goya nutzt permanent christlich-ikonographische Bildformulare, um sie auf Gegenstände und Konstellationen anzuwenden, die der Bedeutung des Schemas nur auf den ersten Blick entsprechen. Auf den zweiten Blick wird deutlich, dass Goya das Schema nutzt, um zu fragen, ob seine Bedeutung in der Gegenwart, angesichts der herrschenden Verhältnisse und individueller Erfahrungen, noch trägt. Das ist ein Modus der Reflexion. 2. Goya verhält sich antiakademisch und zielt nicht auf die Einlösung perspektivischer und anatomischer Regeln, aus der Einsicht heraus, dass so in besonderer Weise die Ausdrucksdimension des Dargestellten gestärkt werden kann. 3. Goya legt großen Wert auf die Zeitgenossenschaft seiner Themen. Sein Material ist die Wirklichkeit. Da die Wirklichkeit sich keinem geläufigen Weltbild mehr fügt, kann sie allein noch in individueller, subjektiver Inanspruchnahme zum Vorschein gebracht werden. 4. Damit sind auch die Malmittel tendenziell freigestellt. Das Bild muss zum Beispiel nicht mehr über einen in sich geschlossenen Farbkörper verfügen, der einem objektiven Anspruch des Gezeigten entgegenkäme. Die Malweise kann so widersprüchlich sein, wie die existierenden Verhältnisse es sind.

2 Goyas bildnerisches Denken: «Die Familie des Infanten Don Luis» (1784) und «María Tomasa Palafox y Portocarrero, Marquesa de Villafranca» (1804)

Es mag nach dem bisher Ausgeführten der Eindruck entstanden sein, Goyas antiakademischer Impetus und die Zeitgenossenschaft seiner Themen bei gleichzeitiger Betonung des Anspruchs, der Künstler sei gänzlich frei in seinem Tun, führten zu bewusst ordnungslosen Bildern. Auch Goyas tendenzielle Aufhebung der klassischen Bildordnung durch die – wiederum tendenzielle – Gleichberechtigung seines Personals könnte zu dieser Überzeugung verleiten. Ein Teil der Forschung hängt dieser Überzeugung an. Dem ist in diesem Kapitel gegenzusteuern. Allerdings werden die innerbildlichen Bezüge bei Goya auf besondere Weise gestiftet, doch auch sie ergeben letztlich eine Bildordnung.

Auf Einladung des Infanten Don Luis verbrachte Goya die Sommermonate 1783 und 1784 in dessen Residenz in Arenas de San Pedro in Kastilien, knapp 100 Kilometer westlich von Madrid. Don Luis war der jüngste Bruder von König Karl III. Da dessen Sohn, der spätere Karl IV., nicht in Spanien geboren und damit eigentlich von der Erbfolge ausgeschlossen war, fürchtete Karl III., Don Luis könnte das Erbrecht erlangen. Aufgrund der nicht standesgemäßen Ehe von Don Luis mit Doña María Teresa de Vallabriga erreichte der König jedoch, dass Don Luis von der Erbfolge ausgeschlossen wurde. Da seine Frau nicht bei Hofe erscheinen und nicht auf königlichem Gebiet wohnen durfte, bezog das Paar die Residenz in Arenas de San Pedro. Don Luis scheint das durchaus entgegengekommen zu sein, konnte er doch nun relativ unkonventionell seinen Neigungen, der Jagd und den Künsten, besonders der Musik, nachgehen.

Goya wurde in der Residenz freundlichst behandelt und für

seine Tätigkeit reich entlohnt. Sie bestand im Jahr 1783 in der Anfertigung von sechs Einzelporträts der engeren Familie von Don Luis: Dreiviertelporträts für den Hausherrn und seine Gattin, Ganzporträts für die Kinder – den Sohn im Alter von sechs Jahren und die zwei Jahre und neun Monate alte Tochter – und schließlich Kopfstudien der beiden Eltern in strengem Profil. Alle diese Bilder sind sorgfältig auf der Rückseite beschriftet, mit Namen, Alter und genauem Datum der Ausführung. Besonders interessant ist die Beschriftung der beiden Profilstudien. Bei María Teresa heißt es, Goya habe das Bild am 27. August 1783 von elf bis zwölf Uhr gemalt, bei Don Luis, es sei am 11. September 1783 in der Zeit von neun bis zwölf Uhr entstanden. Damit betont Goya den Studiencharakter der Bilder, zudem seine schnelle Auffassungsgabe und damit seine malerische Kompetenz. Vergleichbare Beschriftungen gibt es auf der Rückseite von Bildern Fragonards in einer Serie von Porträts intellektueller Freunde von ca. 1770. Auch dort dienen sie als Beweis schneller künstlerischer Auffassungsgabe. Die Porträts sind zudem Farbexperimente in einem extrem malerischen Modus, auch sie bleiben Studien für Kenner und Eingeweihte.

Der Kompetenzbeweis Goyas, der Beweis seines besonderen Genius scheint Don Luis bewogen zu haben, dem Künstler für das nächste Jahr den Auftrag zu einem großen Familienbildnis mit den engeren Mitgliedern seines Hofes (Abb. 10) zu erteilen. Es sollte Goyas anspruchsvollstes Bild bis zu diesem Zeitpunkt werden. Selbst wenn die Forschung lange nichts Rechtes mit diesem Gruppenporträt anzufangen wusste, so hat man doch bald gesehen, dass Goya sich hier wie auch andernorts – etwa beim gleich zu behandelnden Porträt der Marquesa de Villafranca als Malerin vor der Staffelei (Abb. 11) – mit seinem großen Vorbild Velázquez und in Sonderheit mit dessen «Las Meninas» auseinandergesetzt hat. 1778 hatte Goya eine Serie von Graphiken nach den Madrider Bildern von Velázquez herausgegeben, in denen er seine Möglichkeiten der Radiertechnik unter Beweis stellen wollte. Zwei Blätter aus der Serie weisen bereits zusätzlich die Verwendung von Aquatinta auf, die für Goyas 1799 publizierte Serie «Los Caprichos» allentscheidend werden sollte. Was Goyas Bilder mit «Las Meninas» verbindet, ist die innerbildliche Thematisierung des Verhältnisses des Malers zu seinen Modellen.

Der Maler stellt sich im Bild bei der Arbeit am Bild dar. Im Falle des Familienbildes ist wie bei Velázquez' «Las Meninas» auf der dargestellten Leinwand nicht zu sehen, was der Maler malt. Im Falle der Marquesa de Villafranca ist, ebenfalls wie bei den «Meninas», das Modell, das gemalt wird, im Bild nicht realiter anwesend. Bei Velázquez spiegelt sich das zu malende spanische Königspaar schwach im rückwärtigen Spiegel, bei Goya ist das Modell, der Gatte der Marquesa, auf der gemalten Leinwand zu einem Teil entwickelt, doch der Blick der Malerin geht wie bei Velázquez aus dem Bild hinaus auf das Modell, das wir uns vor dem Bild zu denken haben. Schon durch diese Konstellationen ist Goyas beiden Gemälden eine reflexive Dimension eingeschrieben. Doch in beiden Fällen geschieht dies noch auf ganz andere Weise, und zwar durch die Bildordnung und das Stiften von verblüffenden Bezügen.

Ohne dass wir bei dem Familienbildnis auf die Gesamtanordnung, die Reihung und Verschränkung der Personen, ihre Blickrichtung oder die Identifizierung jeder einzelnen eingehen wollen, lässt sich Folgendes festhalten: María Teresa de Vallabriga ist die Hauptperson des Bildes – man hat darin eine Art Kompensation ihrer ausgeprägten, aber enttäuschten höfischen Ambitionen sehen wollen. Die Position von Don Luis hat zuweilen irritiert, er schien untergeordnet, obwohl er doch der Infant war. Doch wer so argumentiert, übersieht die subkutan zur Wirkung kommende abstrakte Ordnung des Bildes – und seine Thematik: Es handelt sich zweifellos um eine durchaus geläufige höfische Szene, das sogenannte Levée, man betrachte nur die Parodie auf diesen Vorgang in Szene 4 von William Hogarths «Marriage-à-la-Mode» von 1745 (Abb. 6). Beim Levée wird in Anwesenheit der Entourage der Hausherr oder die Hausherrin angekleidet bzw. zurechtgemacht. In der höfischen Tradition Ludwigs XIV. ist das Levée das eigentliche Aufstehen des Herrschers und verbildlicht das Ergreifen der staatslenkenden Zügel, das den Tag unter der Sonne des Königs einläutet. Zentral ist es

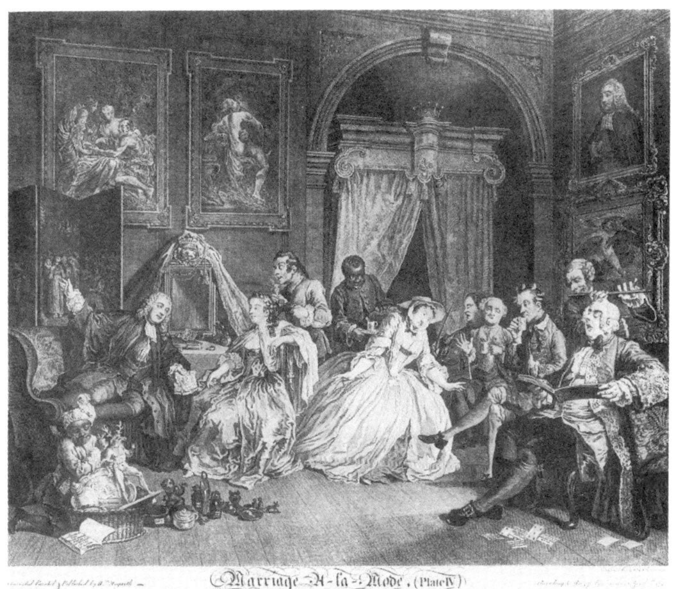

6 William Hogarth, Marriage-à-la-Mode, Szene 4: Das Levée, 1745, Kupferstich und Radierung, gestochen von Simon François Ravenet, 38,3 x 46,5 cm

auch für die Gunsterteilung in abgestufter Form. Die Auserwählten des Hofes versammeln sich, um dem Herrn oder der Herrin ihre Reverenz zu erweisen.

Bei Goya ist, im Übrigen wie bei Hogarth, der Coiffeur damit beschäftigt, der Dame des Hauses das Haar zu richten. Es ist ihr Levée, man hat sich in ihrem Appartement versammelt, und schon deshalb ist sie zentral angeordnet, und zwar so zentral, dass die Mittelsenkrechte des Bildes durch ihr linkes Auge verläuft. Das sichtbare Auge des gänzlich im Profil erscheinenden Hausherrn wiederum liegt exakt auf der waagerechten Mittelachse des Bildes. Sie beide sind die Hauptpersonen. Die Hausherrin sieht den Betrachter an, auch er ist zu ihrem Levée erschienen. Der Hausherr ist uns durch die gänzliche Profildarstellung entzogen – auch das ist eine geläufige Form, seinen besonderen

Rang zu markieren. Direkt hinter ihm sehen wir den älteren Sohn, wie ein Reflex des Vaters ebenfalls in gänzlichem Profil, er ist der Erbe seines Ranges. Die kleine Tochter mit dem gewaltigen Haarschopf im Schatten des großen Bruders ist kindlich bewegt und schaut offenbar auf den Maler. Dieser sitzt im Schatten links auf einer niedrigen Fußbank vor der Staffelei mit Pinseln, Palette und dem Malstock und richtet seinen Blick offensichtlich auf die Hausherrin, die auch durch ihren strahlend weißen Frisierumhang, den *peignoir*, besonders hervorgehoben ist. Eine weitere Person auf der rechten Seite ist im Profil wiedergegeben. Lange hat man gerätselt, um wen es sich handeln könnte, doch spricht vieles dafür, dass Luigi Boccherini gemeint ist. Er hat seinen Blick auf Don Luis konzentriert, seinen größten Förderer, ohne den er nicht geworden wäre, was er wurde, einer der berühmtesten Musiker seiner Zeit.

Doch wie ist Goyas Verhältnis zur Familie des Don Luis zu denken, wie die besondere Form seiner Anwesenheit im Bilde zu verstehen? Ein kleines Detail kann uns darüber Aufschluss geben. Verlängert man den betonten Pinsel in seiner Hand, der seinem Blick folgt, dann führt er auf den Millimeter genau in María Teresas linkes Auge, das bereits durch die senkrechte Mittelachse hervorgehoben ist. Der Kreuzungspunkt dieser beiden abstrakten, aber zu erschließenden Linien liefert den Schlüssel zum Bilde. Der Blick María Teresas geht auf uns, die wir die Stellvertreter des Malers vor dem Bilde sind, denn dort in der Mitte des Gemäldes müsste er zur Aufnahme der Szene seinen Platz haben. Dass er allerdings innerbildlich am linken Rand auftaucht und durch den Pinsel an den Blick María Teresas gebunden ist, wodurch ein Dreieck zwischen Maler, Modell und Betrachter hergestellt wird, verdeutlicht, dass Goya den künstlerischen Blick thematisiert. Das hat durchaus seine emblematische Tradition. Denn die Sehstrahlen des Auges können als Pfeile, vor allem als Liebespfeile, verstanden werden.

In der holländischen Emblematik, etwa bei Jacob Cats oder Otto van Veen, ist das der Fall. Ursprünglich entstammt das Motiv der Petrarcistischen Liebeslyrik. In Variation hierzu kann auch der *pennello*, der Pinsel, als Sehstrahl, als seine Verlängerung oder sein Substitut, fungieren. Das Auge lenkt den Pinsel, es geht um die Inkorporierung des Wahrgenommenen und seine nachfolgende materielle Entäußerung. Der Dichter Giovanni della Casa fragt mit Blick auf Tizians nicht erhaltenes Porträt der Elisabetta Quirini Massola von 1543: «Sind dies die Augen, von wo dein Pfeil seinen Ausgang nimmt?», und schließt, dass eine solche Kraft von nirgendwo sonst ausgehen kann. Hier ist von unmittelbarer Kraftübertragung die Rede, von der Unausweichlichkeit der körperlich erfahrenen Wirkung. Und Pietro Aretino hebt 1542 in einem raffinierten Sonett auf zwei Formen des Bildes einer Favoritin von Diego Hurtado de Mendoza ab – das eine Bild existiert in Mendozas Herz, das andere hat Tizian gemalt. Sodann kommt er auf die Analogie von Pinsel und Liebespfeil zu sprechen. Beide bewirken Mendozas Herzensverletzung. Das Sonett spielt mit der Frage, ob der Pinsel oder der treffende Blick ihm mehr süßen Schmerz zufügen: «Furtivamente Titiano e Amore / presi a gara: pennelli et la quadrella». Auf Goya übertragen heißt das, dass der Blick von Teresa den Maler und uns entzündet und den Maler damit unmittelbar zur Wiedergabe ihres Antlitzes geführt hat. Ermöglicht hat ihm dies Don Luis. Zu diesem frühen Zeitpunkt konnte Goya seine Kunst im Sinne der Petrarcistischen Liebeslyrik noch in den Dienst der Feier weiblicher Schönheit stellen; später sollte ihm diese Möglichkeit weitgehend verloren gehen.

Goyas Porträt der Marquesa de Villafranca (Abb. 11) von 1804 hat den Gedanken, der dem Familienbildnis des Don Luis von 1784 zugrunde liegt, auf das Raffinierteste und geradezu zwingend weiterentwickelt. Die Marquesa hatte besondere Kunstinteressen, sie war nicht nur eine begabte Amateurmalerin, sondern engagierte sich auch für die Madrider Akademie, die ihr 1805 die Ehrenmitgliedschaft verlieh. Zu diesem Anlass wurde Goyas Gemälde in der Akademie ausgestellt, so dass der Gedanke naheliegt, dass es in Hinblick auf dieses Ereignis auch gefertigt wurde, vor allem aber dass ihm ein demonstrativer, programmatischer Kunstanspruch zugrunde liegt. Das scheint in der Tat der Fall zu sein.

Goya zeigt die Marquesa als Malerin mit Pinsel und Malstock, auf einem großen weichen Lehnstuhl mit rotgeflecktem Polster sitzend, dennoch, um es so zu sagen, mit einem steifen Rücken. Es ist ein Motiv, das sich auf vielen von Goyas Frauenporträts findet, ausgeprägt auf denen der Königin María Luisa. Offenbar stellt es eine adlige Würdeformel dar, die eine gewisse Distanz markiert; im Wortsinne handelt es sich um eine Hoheitsformel. Die Füße der Marquesa sind elegant auf ein dickes Kissen mit Troddeln gebettet, das in Farbe und Muster dem Sesselstoff gleicht. Man wird nicht davon ausgehen können, dass sie in dieser Pose gemalt hat. Sie präsentiert sich als Malerin, und zwar, wie wir sehen werden, in verschiedener Hinsicht. Kopf und Körper sind im Dreiviertelprofil nach links gewendet, der Blick geht konzentriert in diese Richtung aus dem Bilde. Rechts neben ihrem Sessel steht ein kleiner Beistelltisch, auf dem Pinsel und gerüstete Palette abgelegt sind, dahinter befindet sich die Staffelei, die vom linken Bildrand angeschnitten ist und schräg im nicht ausmessbaren Raum steht.

Auf der Leinwand erscheint das bis zur Brustpartie entwickelte Porträt des Mannes der Marquesa. Don Francisco, 11. Marqués de Villafranca, Bruder des 1796 verstorbenen Herzogs von Alba, ist in der Uniform eines königlichen Offiziers der Infanterie Línea wiedergegeben. Die Marquesa trägt ein doppelschaliges Chiffonkleid in Empiremode, das unter der Brust goldfarben gegürtet ist. Das Kleid weist schwach durchscheinende breite, goldgelbe Längsstreifen auf, das durchsichtige Obergewand verstreute weiße Blüten. Die warmen Farbtöne, die die Marquesa umgeben, kontrastieren mit dem kühlen Blaugrau des Porträts auf der Staffelei, dessen Komplementärkontrast zum Kleid der Marquesa offensichtlich und dem jeweiligen Geschlecht zugeordnet ist. In der Mitte der Palette findet sich ein blaues Pigment, offenbar für den Uniformrock des Marqués, das aus der Farbfolge am Rand der Palette ausgespart ist. Darunter steht rot gerahmt in weißen Buchstaben, geschrieben in zwei Zeilen, «María Tomasa» und «Palafox». Auf der linken Sessellehne, auf der die linke Hand der Marquesa, die den Malstock hält, durchaus anspruchsvoll aufgestützt ist, als wolle sie bewusst darauf hinweisen, hat Goya in goldener Farbe seine Signatur und die

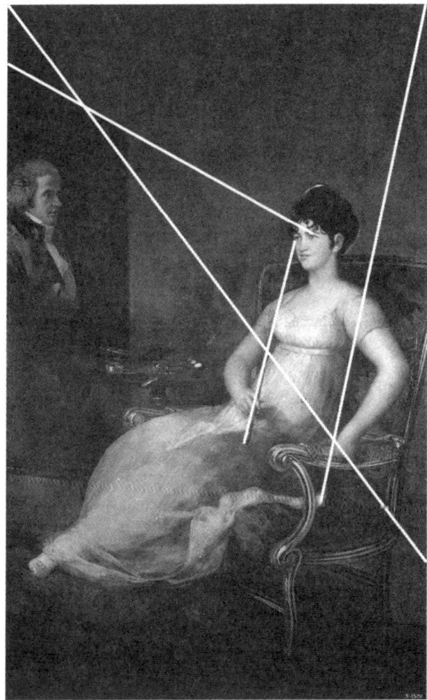

7 Goya, María Tomasa Palafox y Portocarrero, Marquesa de Villafranca (s. Abb. 11), mit eingezeichneten Konstruktionslinien

Datierung 1804 angebracht. So ist das Bild in gewissem Sinne doppelt signiert, von der Marquesa als Urheberin des Bildnisses ihres Mannes, von Goya als Maler ihres Porträts.

Worin zeigt sich die besondere Programmatik des Bildes und seiner Ordnung? Der Hinweis, dass die Mittelsenkrechte des Bildes zwischen dem Ellbogen des Malarms der Marquesa und der Palette verläuft, mag der strukturellen Anlage dienen, aber noch nicht viel bedeuten. Anders dagegen verhält es sich mit ostentativen Bezügen und einer offenbar bewussten Vermischung von Realitätsebenen. Denn was macht die Malerin? Sie hält ihren Pinsel so, dass er auf ihr Kleid gerichtet ist, auf eine Partie, die im Schatten liegt, was sich gemessen an den Lichtverhältnissen als wenig sinnvoll erweist. Offenbar sollen wir lesen, dass sie an der Vollendung ihres eigenen Kleides malt, ein winziger weißer

Querstrich scheint ihr bei der Einnahme ihrer Pose gerade unterlaufen zu sein, vorher dürfte sie die darunter befindliche Blüte angelegt haben. So irritierend dieser Gedanke ist, er wird herausgefordert durch die Beobachtung, dass der Stiel des Pinsels exakt auf ihr rechtes Auge weist (Abb. 7). Dass der Pinsel das Supplement ihres Blickes ist, ein unmittelbarer, «pfeilschneller» Ausfluss des von ihr Erkannten, diese Vorstellung ist uns bereits aus dem Familienbild des Don Luis vertraut. Denn worauf ist ihr Blick gerichtet? Ganz offensichtlich auf ihr Modell, ihren Mann außerhalb des Bildes, den sie mit ihren Blicken misst.

Dass auch in diesem Bild ein über die Bezüge gestiftetes Verhältnis zwischen dem Maler Goya und seinem Modell sowie zwischen der gemalten Malerin und ihrem Modell entsteht, macht eine weitere Beobachtung deutlich. Führt man den oberen Rand der in starker Verkürzung gegebenen Leinwand auf der Staffelei fort, so trifft er exakt das linke Auge der Malerin. Ihr Blick bewirkt die künstlerische Transformation in die Ordnung des Bildes. Doch das Ganze wird zudem auf dem Geviert der Leinwand, auf Goyas Bild, verankert: Verlängert man den Malstock über seinen Knauf hinaus, so führt er auf den Millimeter genau in die linke obere Ecke des Gemäldes, und legt man eine Linie vom Gesäß der Marquesa über ihren durchgedrückten Rücken an, so trifft sie die rechte obere Bildecke. Die gestaute Gewandfalte an ihrem Gesäß gibt dabei die Richtung der Linie vor. Während das Bildnis der Malerin auf Goyas Leinwand unausweichlich fixiert ist, wird das von ihr angelegte Bildnis ihres Mannes in seinen Entstehungsbedingungen vorgeführt.

Man fragt sich, wie Goya auf die Idee einer solchen Bildanlage kommen konnte. Die Antwort ist nicht so schwer zu finden: Er hatte ein direktes Vorbild in Aegidius Sadelers Stich des berühmten Gedenkblatts des Bartholomäus Spranger auf seine tote Gattin aus dem Jahr 1600 (Abb. 8). In seiner emblematisch-allegorisch gestützten Programmatik ist das Blatt geradezu überbordend. Der über den Tod seiner Frau trauernde Spranger weist mit dem Finger auf das Bildnismedaillon seiner Frau, das auf einem Steinsarkophag steht. Zu dessen Füßen hat er Malstock, Palette und Pinsel abgelegt, unfähig ob des erlittenen Verlustes

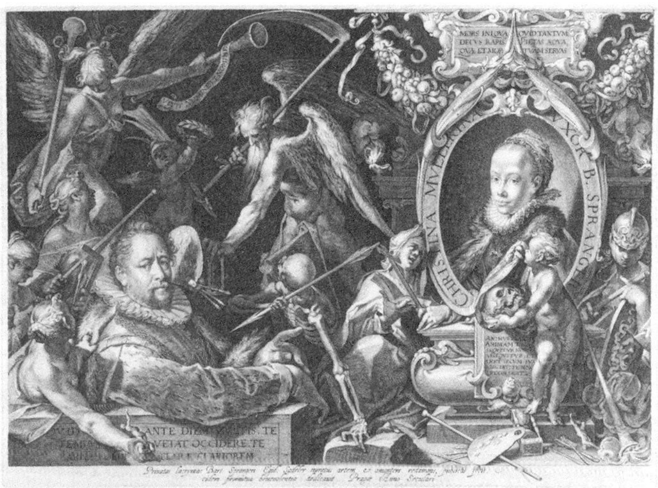

8 Aegidius Sadeler, Gedenkblatt des Bartholomäus Spranger für seine tote Gattin, 1600, Kupferstich, 29,9 x 42,1 cm, New York, Metropolitan Museum of Art

weiterzuarbeiten. Vieles auf Goyas Porträt der Marquesa ist hier vorgebildet, nur weniges sei erwähnt. Mit schmerzerfülltem Blick weist Spranger auf den Anlass seiner Trauer und den Grund seiner Unfähigkeit hin, zur künstlerischen Arbeit zurückzukehren. Ja, er will nicht mehr weiterleben. Das Totengerippe weist mit langem, spitzen Pfeil direkt auf sein Herz. Der Pfeil entspringt in seiner Bahn dem linken Auge der Verstorbenen. Doch Chronos, der Zeitengott, greift ein, so dass der Tod innehält und sich zu Chronos umwendet. Der schiebt das Stundenglas zwischen Spranger und den Tod. Aber auch die Pictura, die Personifikation der Malerei hinter Spranger, platziert Palette und Pinsel wie einen Schild vor das Glas der Sanduhr, um wiederum Chronos klar zu machen, dass die Zeit des Künstlers noch nicht abgelaufen ist. Und schließlich wird der Pfeil gebremst, weil er optisch an das Kreuz der am Sockel der Verstorbenen trauernden Fides, der Verkörperung des Glaubens, gebunden ist.

Doch betrachten wir den abgelegten Malstock unter dem Sarkophag. Zum einen ragt er über die Bildgrenze, die ästhetische Grenze zum Betrachterraum, hinaus und wirft einen Schatten auf den Schriftzeilenblock. Damit macht er uns auf Sadelers Widmung an Spranger und die Bewunderung von dessen Kunst aufmerksam. Doch viel wichtiger noch: Verlängern wir den Malstock über seinen Knauf hinaus, so führt er direkt ins Auge Sprangers. So lässt sich schließen, und vieles im Bild unterstreicht diesen Schluss noch: Spranger ist in seiner Trauer befangen und denkt an den Tod. Doch die Geschichte hat anderes mit ihm vor, er hat seine künstlerische Laufbahn noch nicht vollendet. Ruhm wartet auf ihn, er soll Pinsel, Palette und Malstock ergreifen und wieder zu malen beginnen, was ihn seine Trauer ertragen lassen wird. Auch bei diesem Stich sind, wenn auch auf andere Weise als bei Goya, die Realitätsebenen verschränkt. Während Spranger den gesamten allegorischen Apparat aufruft und ihn durch die Pfeilmetaphorik anschaulich ergänzt, nutzt Goya zwar auch die überlieferte Metaphorik, doch reflektiert er sehr viel stärker mit formal-abstrakten Mitteln das Prozessuale der Kunst. Er transzendiert die Ebene des Bildes nicht, sondern bleibt auf ihr.

Die ostentativen Strukturmaßnahmen, die hier für Goyas Familienbild des Don Luis und das Porträt der Marquesa de Villafranca in Anschlag gebracht worden sind, sollte man mit Blick auf Goyas gesamtes Œuvre vielleicht nicht zu stark gewichten. Zuordnungen und eine Betonung der Mittelachse gibt es natürlich auch andernorts, doch dürfte das forcierte Vorgehen bei den beiden behandelten Bildern dem jeweiligen Anlass geschuldet sein. Das Familienporträt ist Goyas bis dahin zweifellos bedeutendster Auftrag, sein Ziel dürfte es gewesen sein, sein auch konzeptuelles Vermögen zu demonstrieren. Zudem stand das Porträt der Marquesa in akademischen Zusammenhängen, auch hier galt es, sich zu beweisen. Denn Goya hatte zwar an der Akademie reüssiert, doch stand er der akademischen Praxis durchaus skeptisch gegenüber. Seit 1785 gehörte er zum Leitungsgremium der Akademie, mit der Verpflichtung zu unterrichten. 1792 wurde in der Akademiesitzung beschlossen, das akademische Studium zu reformieren. Die Hauptkünstler

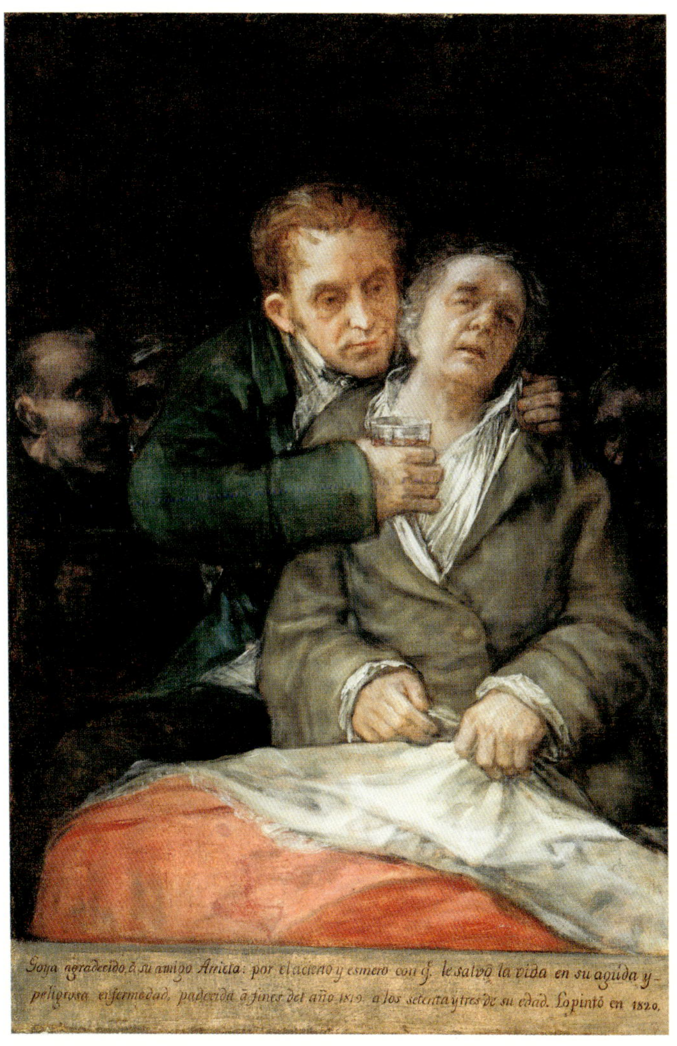

9 Goya, Selbstbildnis mit seinem Arzt Arrieta, 1820, Öl auf Leinwand, 115,7 x 79,1 cm, Minneapolis, The Minneapolis Institute of Arts

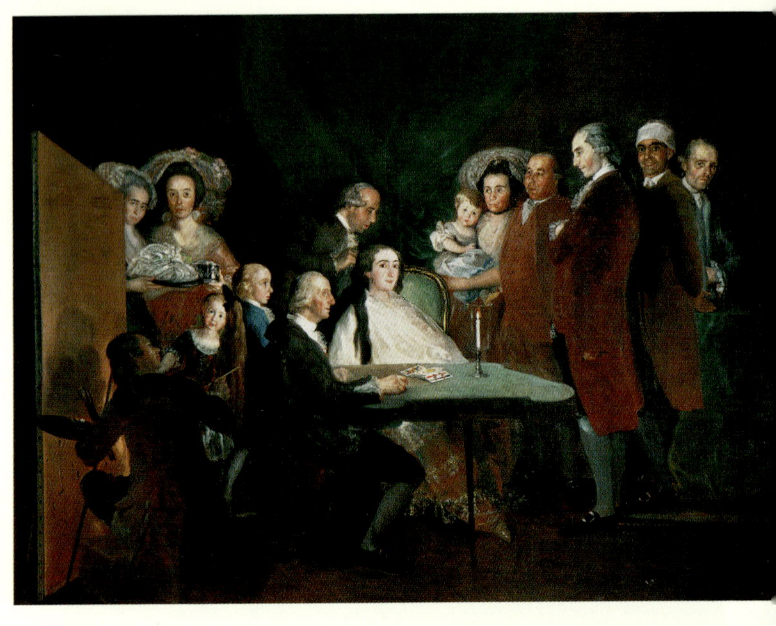

10 Goya, Die Familie des Infanten Don Luis de Borbón, 1784, Öl auf Leinwand, 248 x 330 cm, Parma, Corte di Mamiano-Traversetolo, Fondazione Magnani Rocca

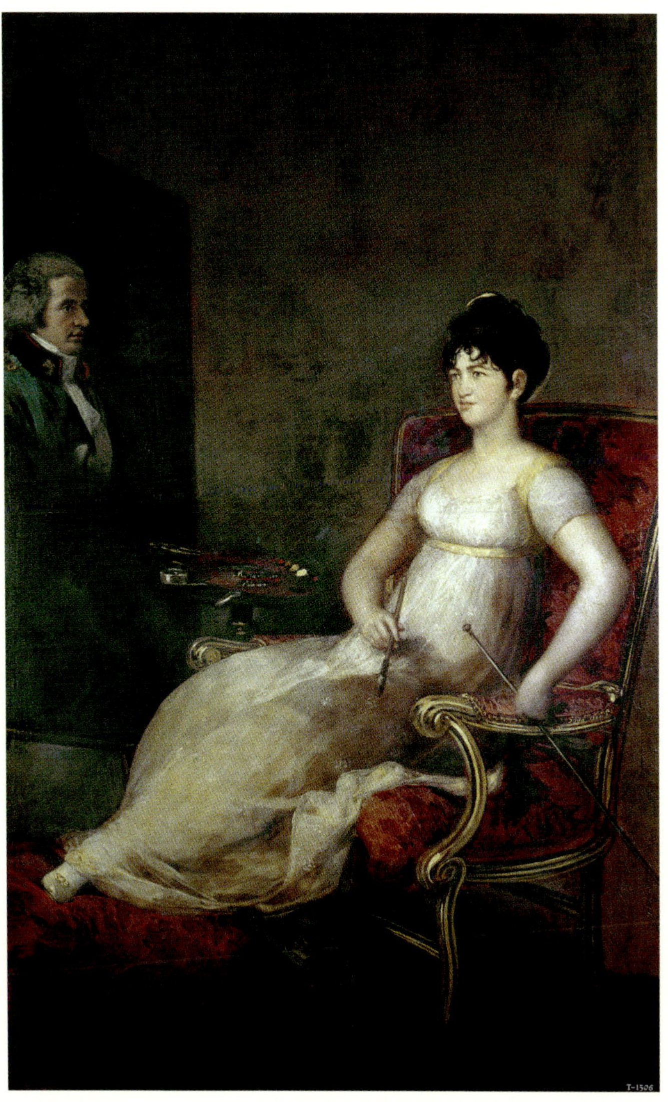

11 Goya, María Tomasa Palafox y Portocarrero, Marquesa de Villafranca, 1804, Öl auf Leinwand, 195 x 126 cm, Madrid, Prado

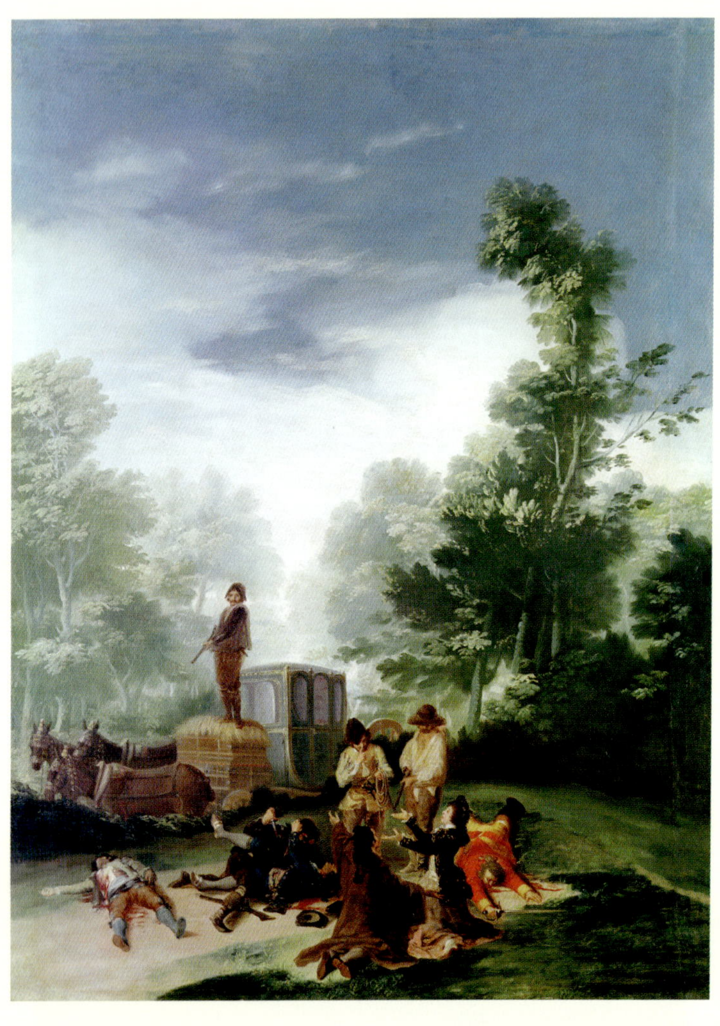

12 Goya, Überfall auf eine Kutsche, 1786/87, Öl auf Leinwand, 169 x 127 cm, Privatsammlung

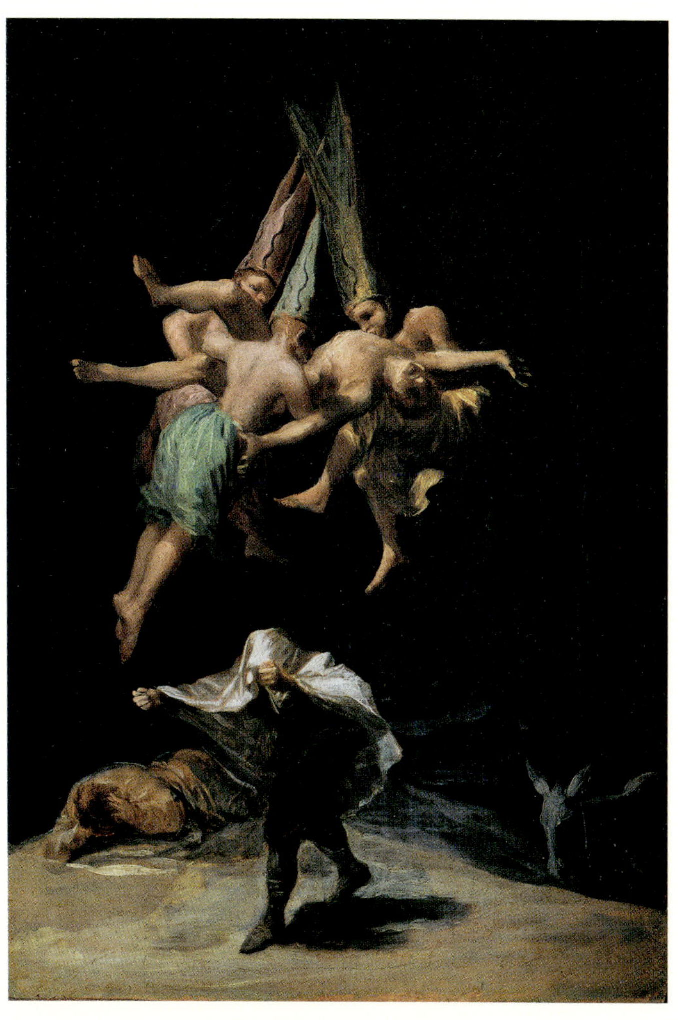

13 Goya, Fliegende Hexen, 1797/98, Öl auf Leinwand, 43,5 x 30,5 cm, Sammlung Jaime Ortiz-Patiño

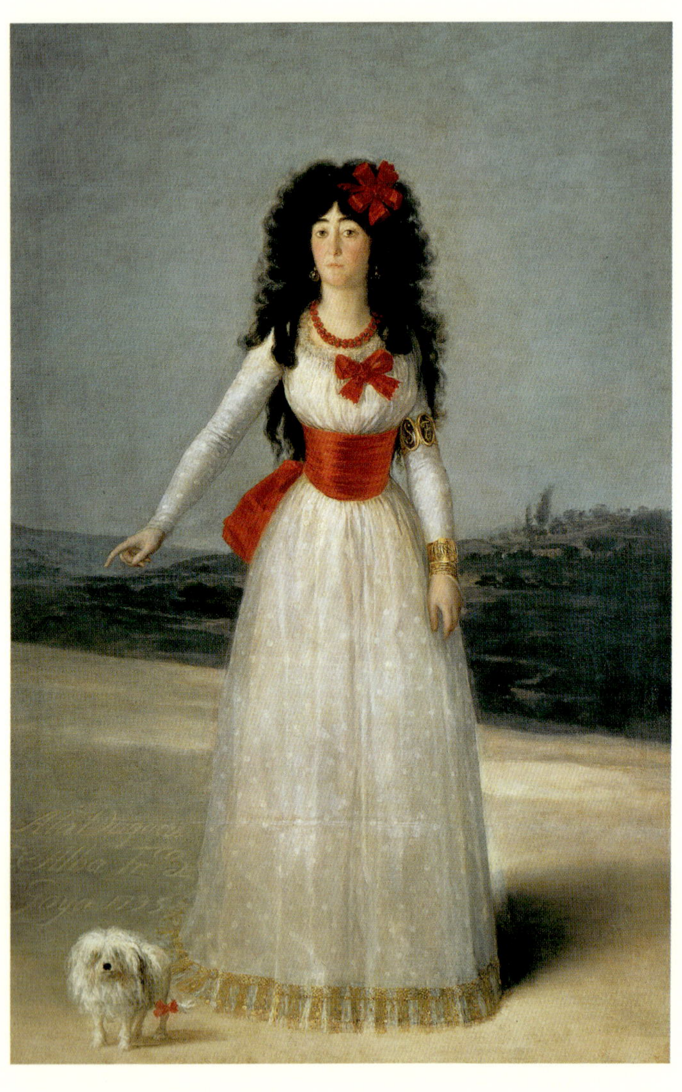

14 Goya, Die Herzogin von Alba, 1795, Öl auf Leinwand, 194 x 130 cm, Madrid, Fundación Casa de Alba

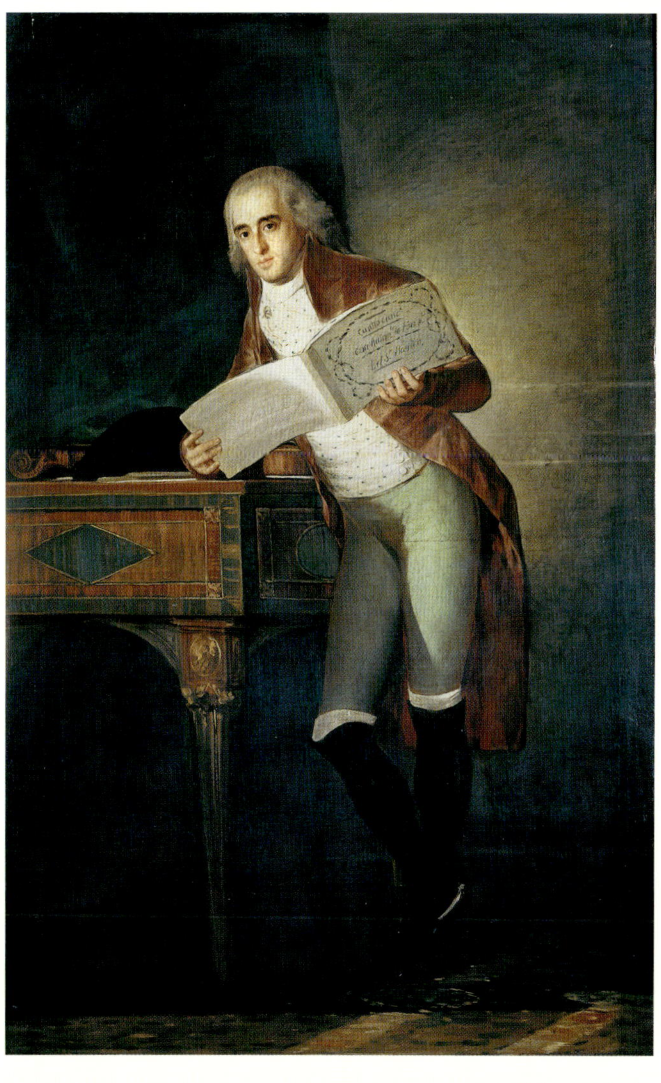

15 Goya, Der Herzog von Alba, 1795, Öl auf Leinwand, 195 x 126 cm, Madrid, Prado

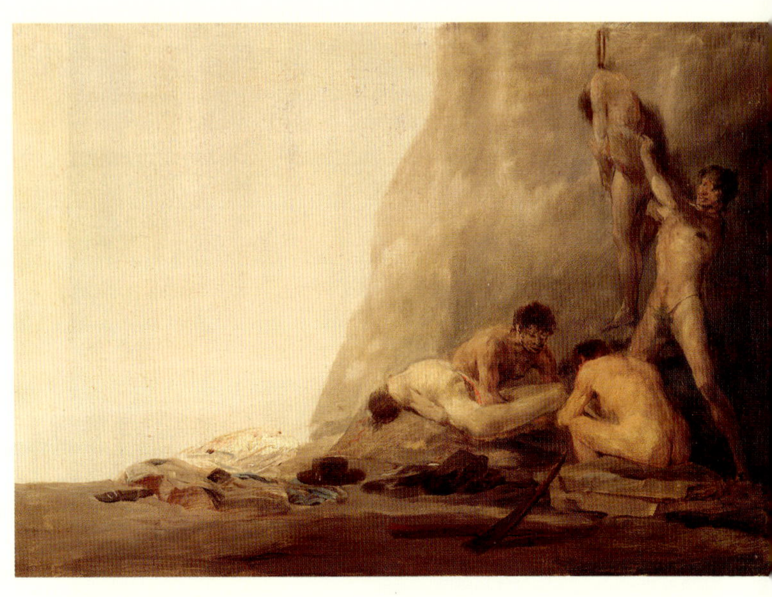

16 Goya, Die Kannibalen zerstückeln ihre Opfer, ca. 1800–1808, Öl auf Holz, 32,8 x 46,9 cm, Besançon, Musée des Beaux-Arts et d'Archéologie

wurden aufgefordert, schriftlich Vorschläge zur Reform einzureichen. Die meisten Vorschläge blieben konventionell und waren zudem nach dem Vorbild der klassischen französischen Akademie formuliert. Perspektive, Anatomie, Proportionslehre sollten primär gelehrt, ihr Studium mit Hilfe von Vorlagenwerken verbessert werden. Der übliche schrittweise aufeinander aufbauende Zeichenunterricht wurde empfohlen, von der Kopie über das Gipszeichnen bis zum Studium nach dem lebenden Modell usw. usf. Schließlich hatte eben dies auch Mengs während seiner spanischen Zeit gefordert. All dies blieb gänzlich im Rahmen des zu Erwartenden.

Ganz anders Goyas Schreiben (vgl. Held 1966, S. 214–224). In ihm forderte er Regelfreiheit und rechtfertigte Verstöße gegen die Lehre von Perspektive und Anatomie. Ihre strikte Befolgung würde die freie Entfaltung verhindern, der künstlerischen Intuition nur im Wege stehen. Goya wollte den akademischen Unterricht gar gänzlich abschaffen. Bloße Geschicklichkeit sei kein Wert an sich. Hätten die akademischen Regeln irgendeinen Fortschritt gebracht? Wohl kaum, sie würden den Genius des Künstlers nur unterdrücken. Dessen einziges Vorbild sei die Natur, ihr gelte es zu folgen, allerdings nicht sklavisch, sondern geleitet vom individuellen Blick auf sie. Das war starker Tobak. Doch Goya äußerte sich nicht ohne theoretischen Rückhalt. Seine Argumente ähnelten stark den neueren akademischen Reformbewegungen in Frankreich, vor allem der Schrift von Quatremère de Quincy «Considérations sur les arts du dessin en France», die 1791 in Paris erschienen war. Goya begann die von ihm selbst geforderte Freiheit zu erproben. Das konnte nur bei eher inoffiziellen, privaten Arbeiten geschehen, für die er ein neues, offenes Publikum gewinnen musste.

3 Kabinettbilder

Im Jahr nach der Formulierung seiner Reformschrift, die ihrem Namen alle Ehre machte, wurde Goya von der Krankheit heimgesucht, die zu seiner gänzlichen Taubheit führte. Wie bereits erwähnt, hatte er 1793 Madrid verlassen und war nach Andalusien gegangen. In einem Brief vom 17. Januar 1793 schreibt er an den Verwalter der Familie der Osuna, die früh zu seinen wichtigsten Auftraggebern und Vertrauten gehörte, er sei zwei Monate krank gewesen und sei zum Haus von Sebastián Martínez gebracht worden, einem reichen und gebildeten Kaufmann, den er nicht lange zuvor in Madrid porträtiert hatte. Am 29. März 1793 schreibt wiederum Martínez an Goyas alten Freund Martín Zapater, Goya sei auf dem Wege der Besserung, der Lärm in seinem Kopf und die Taubheit seien zwar geblieben, er könne aber wieder sehr viel besser sehen und der Schwindel habe nachgelassen. Die Taubheit hatte Goya ohne Erfolg versucht mit Elektroschocks zu behandeln.

Goya begann Martínez' große Kunstsammlung zu studieren. Er blieb bis zum 4. Juni in Cádiz und nahm im Juli in Madrid an einem Akademietreffen teil. Wir hören erst wieder von ihm in einem berühmten Brief, den er Bernardo de Iriarte, dem stellvertretenden Akademiepräsidenten, am 4. Januar 1794 schrieb. Dort heißt es: «Um meine Imagination zu beschäftigen, die durch mein Versinken in Depression aufgrund meines Schicksals geschwächt war, und um wenigstens zum Teil die beträchtlichen Kosten, die ich hatte, zu kompensieren, habe ich eine Serie von Kabinettbildern angefertigt, in denen es mir möglich war, Gegenstände zu malen, die in Auftragswerken normalerweise nicht behandelt werden können, wo ‹capricho› und Erfindung keinen wirklichen Ort haben. Ich hielt es für sinnvoll, sie an die Akademie zu schicken, da Eure Exzellenz von den Vorteilen wissen, die ich erwarten kann, wenn ich meine Arbeit der

Kritik der Künstler aussetze.» (Vgl. Kat. Madrid – London – Chicago 1994, S. 189 f.) Goya stellte Iriarte frei, die Bilder so lange privat zu behalten, wie es ihm genehm sei. Schon am nächsten Tag allerdings wurden sie den akademischen Kollegen gezeigt, und zwar elf kleine Bilder in Öl auf Zinkblech. Eine zwölfte Tafel, schreibt Goya, ein Irrenhaushof, sei noch in Arbeit. Goya nennt die Bilder «diversiones nacionales», nationale Vergnügungen. Das bezieht sich auf den ersten Teil der Kabinettbilder, sechs Szenen zum Stierkampf. Trotz aufgeklärter Kritik von Goyas Freunden am Stierkampf blieb der Künstler zeitlebens ein Anhänger dieses blutigen Spektakels, bis hin zu seiner Radierserie der «Tauromachie» von 1815 und den späten Lithographien der «Stiere von Bordeaux» von 1824/25.

Die Zinktafeln in einem Format von etwas mehr als 40 x 30 cm sind ausgesprochen locker, zum Teil skizzenhaft gemalt. Ganz offensichtlich verdankt sich der Stil den Ölskizzenentwürfen für die Madrider Teppichmanufaktur, für die Goya bis 1792 gearbeitet hatte. Allerdings besteht der entscheidende Unterschied darin, dass die Teppichentwürfe in dienender Funktion standen, sie waren bloße Vorlagen für die Weber, während die Kabinettbilder selbstgültige Kunstwerke darstellen. Goya scheint das Potential der Kartonentwürfe früh erkannt zu haben. Gänzlich im Stil und im Ton dieser Entwürfe, aber in größerem Format, ist der «Überfall auf eine Kutsche» (Abb. 12) gehalten, den Goya 1786/87 mit einer Gruppe von anderen Bildern gemalt hat. Sie entstanden im Auftrag seiner großen Gönnerin, der Herzogin von Osuna, für deren Landsitz in Alameda mit dem bezeichnenden Namen «El Capricho». Ländliche Szenen waren gewünscht. Das hatte eine lange, letztlich aus der Antike stammende Tradition. Ein Landsitz diente der Rekreation, als Dekoration waren dort Dinge erlaubt, die im offiziellen Stadtpalast keinen Ort gehabt hätten: Spielerisches, Komisches, aber auch Niederes. Der Städter gab sich im Ländlichen unkonventionell, spielte mit dem Milieu des Bäuerlichen, tauchte auf Zeit in dieses Milieu ein. Dem trug die Ausstattung der Landsitze mit Bildern Rechnung, wobei der spielerische Charakter immer bewusst blieb. Schon der Name des Landsitzes der Herzogin von

Osuna macht dies deutlich: El Capricho diente ihren spielerischen Launen.

Kein Wunder, dass Goya das Motiv des ländlichen Überfalls auf eine Kutsche, bei dem die Insassen ermordet werden, in zugespitzter Form wieder aufgreift, als er 1793 seine «diversiones nacionales» zur eigenen Zerstreuung malt. Auf die Stierkampfszenen, die der spanischen Leidenschaft huldigen, folgen hier Motive, die auf die kommenden graphischen Serien «Los Caprichos» und «Los Desastres» vorausweisen: neben dem Überfall ein dramatisches Feuer bei Nacht mit Verletzten und Toten sowie Schiffbrüchige, die versuchen, sich aus tobender See ans felsige Ufer zu retten, schließlich das Innere eines düsteren Gefängnisses und der erwähnte Hof eines Irrenhauses (Abb. 17). Können die Stierkampfszenen, obwohl auch hier genügend Unheil geschieht, letztlich noch dem Divertimento dienen, so sind die folgenden Szenen, die ein nicht steuerbares, unausweichliches Verhängnis schildern, beinahe durchgehend in Dunkel getaucht. Diese Szenen verkünden keine Moral, argumentieren nicht im Namen von etwas, sondern zeigen Bedrohungen, die immer akut sind.

Allerdings kommt man bei den beiden letzten Szenen, dem «Inneren eines Gefängnisses» und dem «Hof der Irren», nicht umhin, sie auch im Kontext der aufklärerischen Irrenhaus- und Gefängnisreform zu sehen. Eine solche Reform versuchte etwa der Engländer John Howard über Jahre durch die Dokumentation seiner systematischen europäischen Reisen zu Gefängnissen, Zucht-, Irren- und Krankenhäusern anzuregen. 1783 kam er auch nach Spanien und Portugal, hatte in Spanien mit den Restriktionen der Inquisition zu kämpfen, konnte sich aber dennoch ein Bild über die aus philanthropischer Sicht untragbaren Zustände verschaffen. Dies dokumentierte er 1784 in einem neuerlichen Appendix zu seiner ursprünglich auf England und Wales beschränkten großen Abhandlung «The State of the Prisons in England and Wales» von 1777. Voraussetzung für die Verbesserung der Zustände in den Verwahranstalten war eine Strafrechtsreform, wie sie Cesare Beccarias Schrift «Von den Verbrechen und Strafen» von 1764 propagierte. Das Werk wurde in alle europäischen Sprachen übersetzt und entwickelte durch

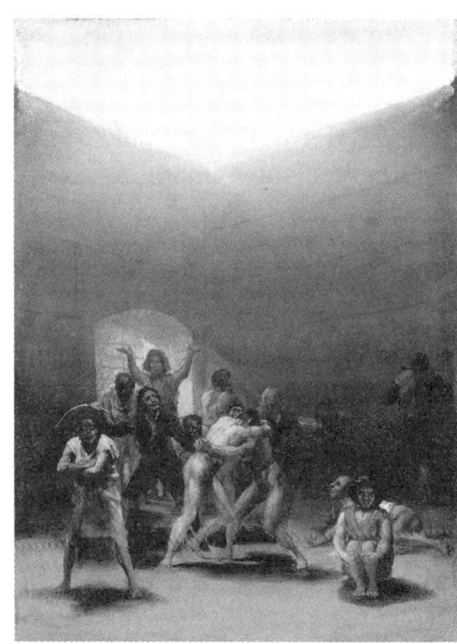

17 Goya, Hof der Irren, 1793/94, Öl auf Zinn, 13,5 x 32,4 cm, Dallas, Southern Methodist University, Meadows Museum, Algur H. Meadows Collection

seine Forderung nach der Abschaffung von Folter und Todesstrafe besonders für Spanien Brisanz.

Auch in Spanien gab es intensive Bemühungen um eine Strafrechts-, Gefängnis- und Irrenhausreform. Goyas intellektuelle Freunde wie Gaspar Melchor de Jovellanos oder Meléndez Valdés schrieben darüber. Sie veröffentlichten unter anderem Prozessprotokolle fragwürdiger Fälle – das berühmteste Beispiel stellt die Publikation der Akten zum Hexenprozess der Inquisition von 1610 in Logroño durch Leandro de Moratín dar. Die Publikation tat in liberalen Phasen ihren Dienst, wurde aber in reaktionären sofort verboten und geriet auf den Index der Inquisition, deren Haupteinflussmöglichkeit zu Goyas Zeiten die Zensur war. Die Autoren und Herausgeber derartiger Schriften wurden verfolgt, nicht selten eingekerkert oder in die Verbannung getrieben wie Jovellanos. Juan Antonio Llorente veröffentlichte Traktate gegen die Inquisition. Alle Genannten hat Goya gemalt. Der Einfluss der aufgeklärten Reformer auf ihn dürfte beträchtlich gewesen sein.

Dennoch müssen wir bereits hier eine gewisse Ambivalenz konstatieren, die auch für große Teile von Goyas folgendem Œuvre gilt. Viele seiner Themen, besonders diejenigen der graphischen Serien, haben ihren Ursprung in aufklärerischem Gedankengut, das den reformorientierten Zielen seiner intellektuellen Freunde, Literaten und Politiker, entsprach. Und doch löst die Art der Behandlung dieser Themen durch Goya sie aus allen zielgerichteten, bestimmten Idealen und Moralvorstellungen verpflichteten Zusammenhängen. Goya treiben die menschlichen Abgründe um, sie stellt er als real dar, während er nicht wirklich an die Möglichkeit grundsätzlicher Veränderung und Besserung glaubt.

Nach der Herzogin von Osuna wurde die kapriziöse Herzogin von Alba Goyas zweite große Förderin. Für sie malte er gleichzeitig mit ihrem lebensgroßen Porträt in Weiß 1795 zwei kleine, eher anekdotische Szenen. Die eine zeigt die Herzogin, zu erkennen an ihrer gewaltigen schwarzen Haartracht, schräg von hinten, wie sie ihre alte Dienerin «La Beata» erschreckt und aus ihrem frommen Tun reißt. Sie hält ihr etwas Winziges, Knallrotes vors Gesicht, das die Dienerin zurückschrecken lässt; nur mit Mühe hält Beata sich durch ihren Stock auf den Beinen. Die Herzogin war für derartigen mutwilligen Schabernack bekannt. Auch die zweite Szene geht auf Kosten von «La Beata» (Abb. 18). Zwei winzigen Kindern gilt die Aufmerksamkeit, Luis de Berganza, dem Sohn des Hausverwalters der Herzogin, und der kleinen «negrita», María de la Luz, dem von der kinderlosen Herzogin adoptierten und heißgeliebten Mädchen. Sie zerren mit aller ihnen möglichen Kraft am Rocksaum der geplagten Dienerin, die daraufhin ihren Stock verliert und sich an einem nur als schmale Silhouette am linken Bildrand sichtbaren Mann festklammert, der sich auch nur auf einen Stock stützt, um nicht endgültig zu stürzen. Die Herzogin, so muss man wohl sagen, verfügte über einen sonderbaren Humor. Im Übrigen setzte sie die beiden Kinder des zweiten Bildes in ihrem Testament als Erben ein. Gemalt sind die beiden Ölskizzen entschieden mit *bravura*. Bei der ersten hat Goya in die schwarzen Applikationen des weißen Kleides der Herzogin gekratzt, so dass die weiße Un-

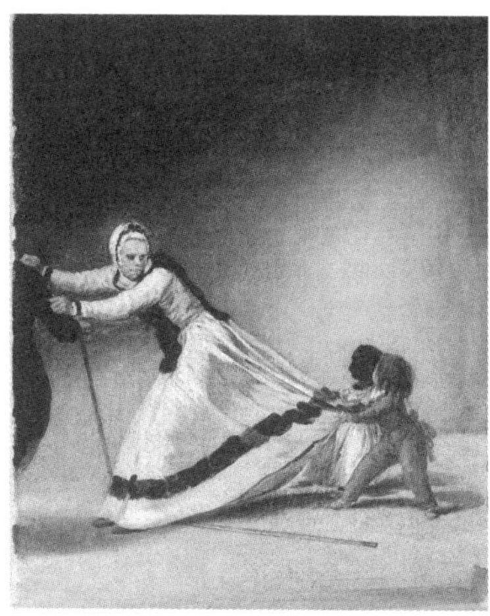

18 Goya, «La Beata» mit Luis de Berganza und María de la Luz, 1795, Öl auf Leinwand, 30,7 x 25,5 cm, Madrid, Privatsammlung

termalung durchscheint. Beide Male ist das Entsetzen der armen Beata mit wenigen wilden Strichen markiert. Noch ist der Humor relativ harmlos. Das sollte sich ändern.

1797/98, zur Zeit der Entstehung der «Caprichos», malte Goya eine Serie von sieben Kabinettbildern, erneut für die Herzogin von Osuna, und wieder waren sie für ihr Landhaus El Capricho gedacht. Sechs Szenen sind der Hexerei gewidmet, wie auch ein nicht geringer Teil der graphischen «Caprichos» einer Folge von Hexenszenen gilt. Die Bilder mögen leicht satirische Züge besitzen, sie ängstigen dennoch. Sie bleiben unheimlich, weil die Ängste der im Bild Betroffenen nicht aufzulösen sind. Eine Ableitung der Szenen aus Theaterstücken erscheint möglich – das Genre der Hexenstücke florierte zu dieser Zeit –, es mag in den Szenen auch über den Aberglauben der niederen Volksklassen aufklärerisch diskutiert worden sein. Wenn allerdings Hexen kleine Kinder misshandeln oder töten, so bleibt dies erschreckend. Wir mögen selbst noch so aufgeklärt sein, wer wüsste nicht, dass noch so absurde Träume sich zu Alpträumen auswachsen können, die die Betroffenen auch bei Verstand nicht loslassen. Das Unwirkliche kann den Raum des Wirklichen erobern.

Das wird vielleicht am deutlichsten in der Szene mit drei fliegenden Hexen, die konische Hüte tragen und damit an die Inquisition erinnern. Sie haben einen nackten schreienden Mann in die Lüfte getragen und tun sich an seinem Leib saugender Weise gütlich (Abb. 13). Allein diese Perversion irritiert nachdrücklich. Auf der Erde herrscht dunkle Nacht – woher allerdings das Licht kommt, das den Boden und die beiden zu Tode erschrockenen Figuren beleuchtet, bleibt ungeklärt. Der Flüchtende vorn hat ein weißes Tuch über Kopf und Schultern gezogen, um dem Anblick des grausamen Geschehens zu entgehen. Der andere hat sich auf den Boden geworfen, mit dem Gesicht zur Erde und den Händen über den Ohren. Sie wollen nichts sehen und hören und wissen doch, dass es anwesend ist. Sicher, dies sind Caprichos, Ausgeburten der Phantasie, aber als Angstvorstellungen sind sie real. Die kluge Herzogin von Osuna scheint daran Gefallen gefunden zu haben, sich die Unvernunft vorgaukeln zu lassen und mit der Grenze von Wahnsinn und Vernunft zu spielen.

Eine letzte Serie mit acht heute noch erhaltenen Kabinettbildern aus dem Zeitraum, in dem Goya die «Caprichos» vollendete und publizierte, sei erwähnt. Sie dürfte zwischen 1798 und 1800 entstanden sein und stellt offenbar einen Auftrag der Marquise von La Romana dar. Im Inventar des dritten Marqués von La Romana ist die Rede von elf schmalen Caprichos von Goya in Goldrahmen. Im Kern handelt es sich um zwei Gruppen: zum einen um Szenen mit Banditen, die Gefangene erschießen, Frauen vergewaltigen und ermorden; all dies findet in dunklen Höhlen statt, was den schrecklichen Eindruck verstärkt. Die erste Szene ließ sich direkt auf einen historischen Mordfall zurückführen (Abb. 19). Die Frau des Castillo, María Vicenta Mendieta, hatte ihren Liebhaber überredet, ihren Ehemann zu töten. In einem publikumswirksamen Prozess wurde sie Anfang 1798 des Mordes überführt und hingerichtet. Da Freunde Goyas mit dem Fall befasst waren und dieser einige Berühmtheit erlangte, wird der Künstler die Zusammenhänge gekannt haben. Dennoch lieferte er keine Illustration des Falles, rekonstruierte keine Details, sondern nahm ihn zum Anlass, in

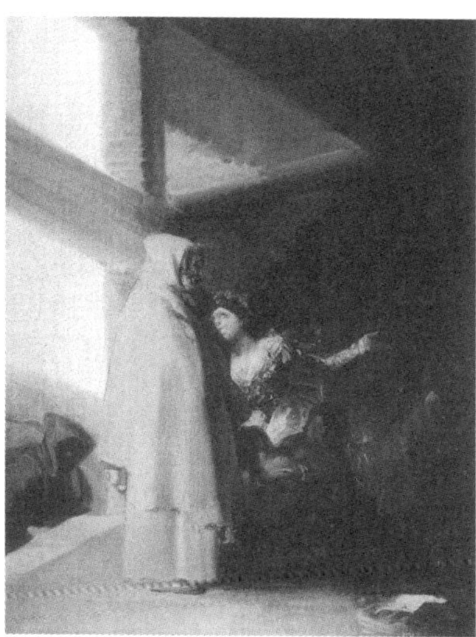

19 Goya, Der Besuch des Mönchs (Das Castillo-Verbrechen I), ca. 1798–1800, Öl auf Leinwand, 41,5 x 31,8 cm, Madrid, Sammlung Marqués de la Romana

düsteren Szenen das untergründig Böse aus dem Dunkel schlaglichtartig aufleuchten zu lassen.

Bei der zweiten Gruppe kreist Goya um das verhängnisvolle Verhältnis von Sexualität und Gewalt, das sich als Gewalt gegen den weiblichen Körper äußert. Ob es sinnvoll ist, in historischer Perspektive Goya selbst Frauenfeindlichkeit und Sadomasochismus zu unterstellen, bleibe dahingestellt. Auffällig ist immerhin, dass die Schriften des Marquis de Sade so gut wie alle in den 1790er Jahren entstanden, die «Histoire de Juliette» erschien 1797. Im Falle von Johann Heinrich Füsslis gleichzeitigen auf Sexualität fixierten Werken könnte man sich darauf verständigen, er kehre seine Aggressionen nach außen, Goya dagegen wendet sie eher nach innen.

Man kommt nicht umhin, noch zwei kannibalische Szenen von erschreckender und wahnwitziger Grausamkeit zu erwähnen, die offenbar in Goyas Atelier verblieben (Abb. 16). Sie sind schwer zu datieren, eine Entstehungszeit zwischen 1800 und 1808 ist wahrscheinlich. Die Nähe zu einigen besonders grausamen «Caprichos» mit nur schwach verhüllten Perversitäten wie etwa

Capricho 69 ist groß, wenn auch in den Kabinettbildern die Direktheit der Vorführung noch deutlich gesteigert ist. Doch soll hier weniger das Motivische interessieren, so schwer es fällt, für einen Moment darüber hinwegzusehen. Es soll also weder das Ausweiden eines Leichnams im ersten Bild noch die triumphierende Präsentation von Leichenteilen im anderen Thema sein, vielmehr ist auf eine Eigenheit Goyas zu verweisen, die sich mehrfach bei ihm findet: die gänzliche Verlagerung der Bildgewichte auf eine Seite, während die andere mehr oder weniger leer bleibt.

Man kann dies sicher als eine Gegenüberstellung von Licht und Dunkel begreifen, doch eröffnet die leere Lichtseite keinen Hoffnungsraum. Eher können wir sie lesen als einen Reflexionsraum für uns, als sollten wir diesen mit unseren Gedanken zu dem Unerträglichen füllen. Wir sind diejenigen, die damit fertig werden müssen. Den leeren Raum als ein ästhetisches Mittel zu betrachten, ist letztlich ein neoklassizistisches Verfahren; es findet sich gleichzeitig mit Goya etwa bei John Flaxman, den Goya mehrfach studiert hat, oder auch bei Canova. Das ist insofern kein Wunder, als der Neoklassizismus abstrakte, zumeist flächenbezogene Gewichtungen als ausdruckshaltig entdeckt und mit ihnen die Bedeutung der Gegenstände steuern kann. Auch in diesen Fällen wird der Anteil des Betrachters eingefordert und an sein Reflexionsvermögen appelliert. Ungegenständliches kann Gegenständliches modifizieren, ja, gar konterkarieren.

Bei den «Caprichos» setzt Goya abstrakte Flächenwerte, deren Wirksamkeit ihm durch die neue Technik der Aquatinta, einer Form der Flächenätzung, bewusst geworden ist, in höchst raffinierter Weise ein, um das szenisch Gezeigte auf ästhetischem Wege zu einer neuen Bedeutung hin zu öffnen. Doch bevor wir uns der graphischen Serie der «Caprichos» zuwenden, gilt es, Goyas vom Mythos geradezu überlagertes Verhältnis zur Herzogin von Alba zu betrachten. Das bei seinem Aufenthalt auf ihrem Landsitz angefertigte sogenannte Skizzenbuch von Sanlúcar und das primär wohl unter dem Eindruck seiner Sanlúcar-Erfahrungen angelegte Madrider Skizzenbuch bilden den Ausgangspunkt für die «Caprichos». Eine ganze Reihe jener Zeichnungen diente als direkte Vorlage für einzelne Graphiken der Serie.

4 Goya und die Herzogin von Alba

1795, in dem Jahr, in dem Goya auch die beiden genannten Kabinettbilder für die Herzogin von Alba zu ihrer Unterhaltung malte, verfertigte er die lebensgroßen Bildnisse von ihr und ihrem Ehemann, dem Herzog von Alba und 11. Marqués de Villafranca (Abb. 14 und 15). Die Formate der Porträts sind mehr oder weniger identisch, so dass wir von Pendants auszugehen haben. Doch sind die beiden Bildnisse in ihrer Auffassung so unterschiedlich, dass man Zweifel daran haben könnte. Zudem scheint das Porträt des Herzogs von Alba ursprünglich schmaler gewesen zu sein, es wurde an der Seite angestückt, um es dem Format des Porträts der Herzogin anzugleichen. Dennoch: Die Differenzen sind auch anders zu erklären. Der Herzog trägt Reitstiefel, scheint eben sein Arbeitszimmer betreten zu haben und vertieft sich nun in eine Haydn'sche Partitur, womit seine andere große Leidenschaft neben dem Reiten, die Musik, aufgerufen wäre, schließlich liegt auf seinem Arbeitstisch eine Bratsche, die er, wie überliefert ist, virtuos beherrschte.

Man hat sein Porträt als besonders sensibel, geradezu als weich oder weiblich bezeichnet, ihres dagegen als «taff», beinahe heroisch. Doch mit derartigen Zuordnungen muss man vorsichtig sein. Sicher soll der Herzog in seinen Neigungen charakterisiert werden, allerdings haben wir es eher mit einer klassischen, einem Geschlechterklischee entsprechenden Gegenüberstellung zu tun: Dem Mann ist die Kultur zugeordnet, der Frau die Natur. Und was ihre energische Haltung angeht, so finden wir sie bei fast allen ganzfigurigen weiblichen Adelsporträts von Goya, die Königin nicht ausgenommen. Offensichtlich ist die straffe Haltung, die gänzliche Frontalität mit leichter Kopfneigung eine Hoheitsform, ein Distinktionsmittel.

Das Herausfordernde in ihrem Gebaren hat man natürlich auch deswegen gesehen, weil sie mit ausgestrecktem Arm auf die wie in den Sand geschriebene Signatur Goyas verweist. Herrisch macht sie den Betrachter darauf aufmerksam. Der Text der Signatur ist konventionell, «Der Herzogin von Alba Francisco de Goya 1795», ihre Größe allerdings ist nicht nur anspruchsvoll, sondern macht sie zum Teil der Bildrealität. Das treue, putzige Hündchen davor, das eine knallrote Schleife am Hinterbein trägt, kann zudem den Blick auf die leicht im Schatten liegende Signaturzeile lenken. Um den linken Oberarm trägt die Herzogin ein von zwei goldgerahmten Medaillons geziertes Armband, auf dem linken der beiden findet sich ein großes «S», auf dem rechten ein «T». Zu Recht hat man dies auf ihren und den Namen ihres Gatten bezogen: Mit vollem Namen hieß sie María Teresa Cayetana de Silva, Herzogin von Alba und er Don José María Álvarez de Toledo y Gonzaga, Herzog von Alba und 11. Marqués de Villafranca. So sind auf den Medaillons Silva und Toledo vereint. Nicht anders verhält es sich beim zweiten Armband über den Ringen am Unterarm, hier sind anagrammatisch die Buchstaben «JMT» und «S» kunstvoll verschränkt, was für ihn als José María Toledo und für sie wieder als Silva zu entziffern ist. Insofern liegt in ihrem Porträt ein offizielles Bekenntnis zu ihrem Ehemann vor, statusgemäß.

Doch schon im Jahr darauf starb der Herzog von Alba überraschend, kaum 38 Jahre alt. 1775 hatte er als Achtzehnjähriger die dreizehnjährige María Teresa de Silva geheiratet und damit den Titel des Herzogs von Alba erworben, denn Erbin des Herzogtums war sie. Die Duquesa überlebte ihren Mann nicht sehr lange, unter mysteriösen Umständen starb sie 1802 kaum vierzigjährig. Im Herbst 1795 hatte angeblich der aufklärerische Alessandro Malaspina den Günstling der Königin Manuel Godoy zu stürzen und durch den Herzog von Alba im Regierungsamt zu ersetzen gesucht, was als Malaspina-Verschwörung in die Geschichte eingegangen ist, die aufgedeckt und blutig niedergeschlagen wurde. Daher lassen sich auch an den Tod des Herzogs wenige Monate später im Juli 1796 Fragen stellen.

Die Herzogin von Alba zog sich zu einem Trauerjahr auf ihren Landsitz in Sanlúcar de Barrameda in der Nähe von Cádiz zurück. Im Frühjahr und Sommer 1796 war Goya zum zweiten

Mal in Cádiz gewesen, offenbar um die 1795 in Madrid gemalten Bilder im Oratorium Santa Cueva anzubringen. Ob er sich danach auf den Landsitz der Herzogin in Sanlúcar begab, bleibt unklar, jedenfalls war er erst im März oder April 1797 wieder in Madrid. In Sanlúcar, Trauerjahr hin, Trauerjahr her, ging es ausgesprochen libertin zu. Goya geriet ganz offensichtlich in den Bann der schönen Herzogin, die nicht nur nach der Königin die höchste Adlige am Hofe war, sondern auch als die größte Schönheit ihres Zeitalters in Gedichten gefeiert wurde. Sie war leichtherzig und frivol und spielte mit ihrer Macht, bezaubern zu können.

Goya war fasziniert und hielt in seinem Skizzenbuch von Sanlúcar sie und das Leben an ihrem Hof in den verschiedensten Situationen fest. Das sogenannte Madrider Skizzenbuch hat er womöglich auch noch in Sanlúcar begonnen, man hat sogar vermutet, es sei schon vor Sanlúcar in Madrid in Angriff genommen worden. Es ist dann aber wohl überwiegend, immer noch geprägt von den Eindrücken in Sanlúcar, nach Goyas Rückkehr in Madrid gefüllt worden. Viel ist darüber spekuliert worden, auf welchen Zeichnungen die Herzogin direkt dargestellt sei, auf welchen allein ihr Umfeld. Bei einer Reihe von Blättern ist man sich sicher, sie erkennen zu können, sowohl im Sanlúcar- wie im Madrider Skizzenbuch. Bei den gänzlich frivolen, vor allem aber bei den Aktszenen kann man sich nicht vorstellen, Goya habe die Herzogin in natura aufgenommen.

Die Identifizierungsbemühungen scheinen ein wenig in die falsche Richtung zu gehen. Es kommt nicht so sehr darauf an, diese oder jene Zeichnung noch eindeutig zu denen zu schlagen, die die Herzogin darstellen. Zweifelsfrei wird es sich nie klären lassen. Wichtiger und richtiger scheint es festzuhalten, dass auf allen Sanlúcar-Zeichnungen von der Herzogin die Rede ist. Auch die oft aufgeworfene Frage, ob nicht mit der «Nackten» und der «Bekleideten Maja» (s. Kap. 6) die Herzogin gemeint sei, scheint falsch gestellt zu sein. Die Ähnlichkeit der beiden Majas mit ihrer Physiognomie ist sicher nicht sehr ausgeprägt, und dennoch nehmen die beiden Bilder ihren Ausgang eben doch bei ihr. Zum anzunehmenden Zeitpunkt der Entstehung der beiden Maja-

Bilder ist Goya längst tief enttäuscht und gekränkt über das Verhalten der Herzogin. Offensichtlich hat sie nur mit ihm gespielt, während er sich Hoffnungen gemacht hatte, die auch aus sozialen Gründen illusorisch waren. Seine Verletztheit, ja, sein folgender Hass haben sich in einer Reihe von «Caprichos» niedergeschlagen, die wohl 1797/98 entstanden.

Widmet man sich den Zeichnungen des Sanlúcar-Albums, so gilt es Folgendes zu bedenken, wozu bisher keine Überlegungen angestellt wurden. Die Zeichnungen sind zumeist reine Pinselzeichnungen, mit Tusche laviert. Glaubt man wirklich, Goya habe mit Wasserglas, Pinsel und Tusche und dem Skizzenbuch auf den Knien der Herzogin und ihrer Entourage zugesehen und schnell festgehalten, was er sah? Das scheint absurd. So müssen wir uns Goya als Teilnehmer am sozialen Leben des ländlichen Hofes vorstellen, der abends die Eindrücke des Tages verarbeitete und daraus Bildideen entwickelte, zumeist Motivisches für Einzelfiguren oder wenige Personen. Die am Hof herrschende Freizügigkeit muss ihn animiert haben.

Und wie meint man die Herzogin zu erkennen? Auch das wurde bisher nicht reflektiert. Die Blattgröße des Sanlúcar-Albums beträgt etwa 17 x 10 cm, das Feld von Goyas Darstellungen ist häufig noch etwas kleiner. Das offenbar längsovale Gesicht der Herzogin, das durch ihre Frisur U-förmig erscheint, hat auf den Blättern eine Länge von knapp 1,5 cm und ist mit dem Pinsel hingetupft. Wodurch kann unter diesen Umständen Ähnlichkeit entstehen? Nur durch sich wiederholende zeichenhafte Strukturmerkmale. Neben der länglich ovalen Gesichtsform sind es drei: die gewaltige schwarze Haarpracht, für die die Herzogin berühmt war und die – Freud lässt grüßen – die Männer angezogen hat wie die Mücken das Licht; ferner relativ breite pechschwarze Augenbrauen, die zusammen einen flachen Bogen bilden und, drittens, ein winziger Mund. Als Goya einen flüchtigen Entwurf für das Grabmal der 1802 verstorbenen Herzogin fertigte, bei dem diese auf dem Schoß einer Trauerfigur ruhend den Kopf uns zugewandt hat, sind dennoch alle drei Merkmale versammelt, die schwarzen Haare, der leichte Bogen der dicken schwarzen Brauen, und der Mund ist nur noch ein Punkt.

Im Leben war die Herzogin selbstverständlich stark geschminkt, dem Ideal der porzellanfarbigen Gesichtshaut verpflichtet, was ihr einen gewissen maskenhaften Ausdruck verlieh – einmal hat die Forschung gar absurderweise vermutet, sie trage eine wirkliche Maske. Deswegen waren die geglätteten Gesichtszüge wenig geeignet, charakteristische Züge aufzubewahren. Wie wichtig ihr die Schminke war, erfahren wir aus einem Brief Goyas aus der Zeit, als er mit ihrem ersten Ganzporträt in weißem Kleid beschäftigt war, gerichtet an seinen vertrauten Jugendfreund Zapater: «Es wäre besser für Dich gewesen, Du wärst gekommen, um mir zu helfen, die Alba zu malen, die ins Atelier kam, um sich ihr Gesicht schminken/bemalen [«pintar»] zu lassen – und damit abzog; freilich gefällt mir das besser, als auf der Leinwand zu malen; ich habe auch ein Porträt von ihrem ganzen Körper zu malen ...» (Gludovatz 2011, S. 145). Ein leichter Widerspruch in Goyas Bemerkungen scheint bezeichnend. Einerseits wünscht er sich seinen Freund herbei. Soll auch der an der Schönheit der Herzogin teilhaben, oder drückt Goya nicht vielmehr eine leichte Scham angesichts des Vorganges aus, der ihm andererseits ausnehmend gut gefällt? Sollte Goya auch in Sanlúcar zum Schminkamt verpflichtet gewesen sein, so beginnt man, ob man will oder nicht, zu spekulieren, ob dies die einzige Form der Berührung war, die die Herzogin ihm gestattete.

Das Sanlúcar-Album ist nicht im Zusammenhang erhalten. Neun Blätter kann man zuordnen, bei denen jeweils Vorder- und Rückseite bezeichnet sind, ferner existieren drei Einzelzeichnungen, die mit gutem Grund für Kopien nach Zeichnungen des Albums gehalten werden. Man kann sich Gedanken darüber machen, wie sich jeweils die Vorder- zur Rückseite verhält. Das in Pierre Gassiers Ordnung erste Blatt zeigt auf der Vorderseite die Herzogin stehend von vorn, mit Blick direkt aus dem Bild, ihre Rechte ist leicht auf den Rücken gelegt, der linke Arm ausgestreckt, das Motiv bleibt unklar, allerdings scheint sie konzentriert (Abb. 20). Die drei genannten Charakteristika sind offensichtlich. Als Einführung in die Serie mag das Blatt wohl taugen. Die Rückseite des Blattes gibt in der Tat die Rückseite der Herzogin

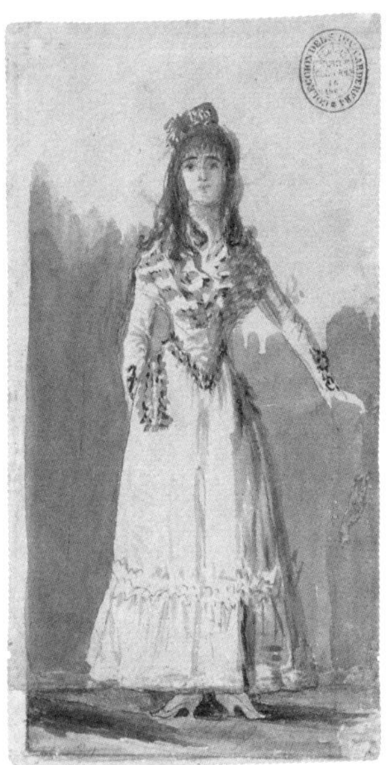

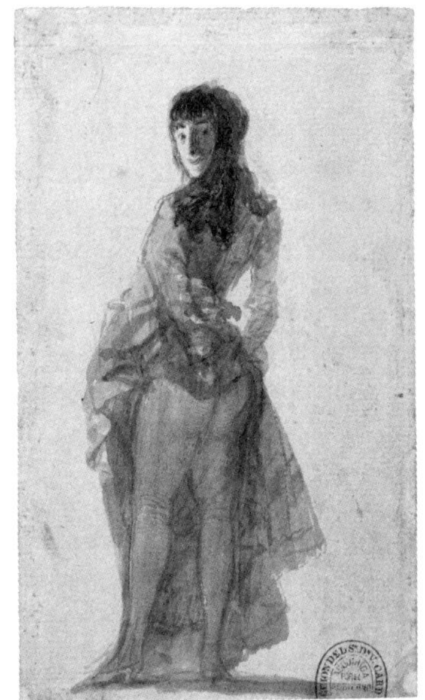

wieder und hat immer irritiert (Abb. 21). Sie hat ihre Röcke gerafft und zeigt ihren Hintern, wenn auch, wie man mit Mühe realisiert, in einer engen Strumpfhose. Triumphierend lächelnd blickt sie über die Schulter zurück mit direktem Blick auf den Betrachter, den man hier wohl eindeutig als männlich zu denken hat.

Man hat hinter diesem Motiv, durchaus zu Recht, eine konzeptuelle Anspielung gesehen, und zwar auf die antike, ursprünglich griechische Venus Kallipygos, die Venus mit dem schönen Hinterteil (Abb. 22). Sie hat ebenfalls ihr Gewand gerafft, so dass nur eine kleine Partie ihres Oberkörpers bedeckt ist. Den Kopf hat auch sie weit über die Schulter zurückgewandt, um selbst ihre gänzlich freigelegte Hinterpartie zu betrachten. Im Gegensatz zur Herzogin, die auf ein Gegenüber reflektiert, ist sie mit sich beschäftigt. Doch Vincenzo Cartari gibt in seinem damals geläufigen Handbuch über die antiken Götterbildnisse von 1556 eine Geschichte wieder, die aus einer spätantiken Quelle

linke Seite:

20 (links) Goya, Die Herzogin von Alba, Sanlúcar-Album A. 1, 1796/97, Tusche, laviert, 17 x 9,7 cm, Madrid, Biblioteca Nacional

21 (rechts) Goya, Junge Frau, die ihren Rock hochhebt, Sanlúcar-Album A. 2, 1796/97, Tusche, laviert, 17 x 9,7 cm, Madrid, Biblioteca Nacional

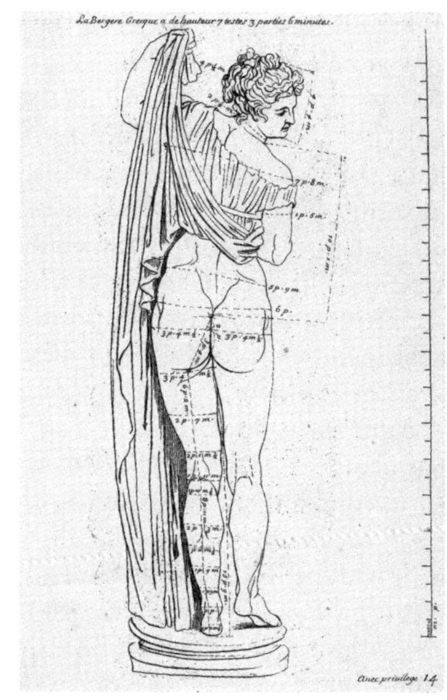

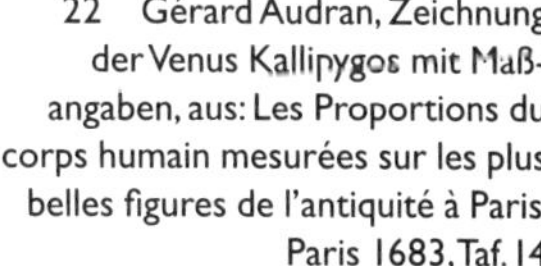

22 Gérard Audran, Zeichnung der Venus Kallipygos mit Maßangaben, aus: Les Proportions du corps humain mesurées sur les plus belles figures de l'antiquité à Paris, Paris 1683, Taf. 14

stammt. Danach hätten zwei Schwestern darum gestritten, wer das schönere Hinterteil habe. Einen fremden jungen Mann hätten sie als neutralen Schiedsrichter gefragt. Der habe der älteren die Palme gegeben, sich in sie verliebt, sie nach Hause geführt und seinem Bruder von dem Vorfall erzählt. Dieser sei schnurstracks zum Ort des Geschehens geeilt, habe die bitterlich weinende jüngere Schwester gefunden und nun seinerseits ihr Hinterteil besonders schön gefunden – und so sei es zu einer Doppelhochzeit gekommen.

Man möchte annehmen, dass diese an Apuleius erinnernde, leicht frivol-spielerische Geschichte Goya und der Herzogin geläufig war. Doch diese Anekdote, die sich an eine klassische antike Skulptur anschließt, die sich dem Kult der Aphrodite Kallipygos in Syrakus verdankt, verbleibt im poetischen Bereich, während die Herzogin und Goya die Geschichte in die Wirklichkeit verlagern. Die Herzogin, in Oden zur Göttin, einer neuen Venus verklärt, kann es sich leisten, mit der mythologischen Verbrämung zu spielen. Goya, der sie darstellt, mag sie für ihre Freizügigkeit bewundern, zugleich aber entblößt er sie auch. Aus dem klassischen Akt wird auch hier schon eine Nackte. Bei der «Nackten Maja» wird sich der Vorgang wiederholen – erkennbar Zeitgenössisches geht nicht mehr in der klassischen Anspielung auf. Vorder- und Rückseite der Zeichnung sind in einem dialektischen Verhältnis zu denken. Auf der Vorderseite erscheint die Herzogin beherrscht, sie schaut uns an, aber wir wissen nicht, was sie denkt. Auf der Rückseite enthüllt sie, was sie denkt, und Goya enthüllt auf diese Weise auch, was er und wir gedacht haben.

Beim nächsten Zeichnungspaar verhält es sich ähnlich. Nur hat man hier nachweisen können, und zwar aufgrund minimaler Goldschnittspuren an drei Seiten des Blattes, dass es sich bei der Szene mit der Nackten um die Vorderseite handelt (Abb. 23), während die Rückseite die berühmte Darstellung der Herzogin von Alba – um sie handelt es sich fraglos – zeigt, auf der sie ihre gewaltige Mähne schüttelt (Abb. 24). Die Nackte der Vorderseite kommt nicht ohne ikonographischen Verweis aus. Erneut aber gewinnt die Darstellung eine der Tradition nicht eingeschriebene Dimension, ja, kehrt ihre Bedeutung um. Wir sehen eine nackte Frau mit schwarzen Haaren von hinten, wohl auf einem Brunnenrand sitzend – links kann man sich ergießendes Wasser vermuten. Sie wäscht sich offensichtlich die Scham, doch mit Schamhaftigkeit scheint dies wenig zu tun zu haben. Sie wird beobachtet von einem alten und einem sich halb hinter diesem verbergenden jüngeren Mann. Der Alte freut sich ersichtlich über das ihm Präsentierte, der Jüngere scheint befangen. Keine Frage, dies ist eine Paraphrase auf die biblische Geschichte der Susanna mit den beiden Alten und gleichzeitig deren Transformation. Denn anders als in der biblischen Geschichte sind die beiden Männer nicht die Aggressoren, vor deren Zudringlichkeit Susanna sich schamvoll und entsetzt abwendet, sondern umgekehrt scheint Goyas sich Waschende gänzlich unverhohlen die Männer zu locken.

Die Rückseite mit der sich die Haare raufenden Herzogin dagegen ist schwer zu lesen. Die Herzogin schaut gen Himmel.

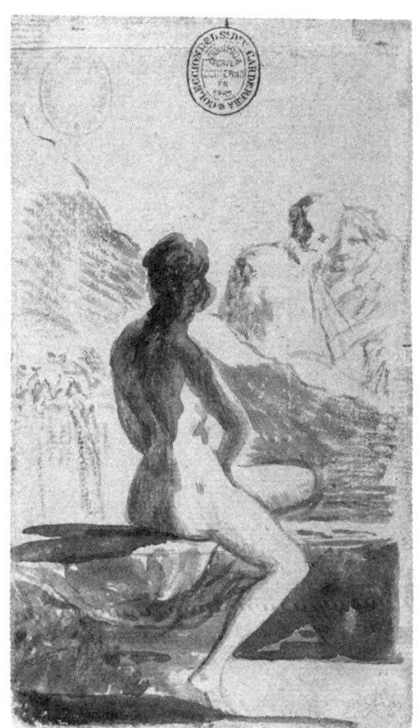

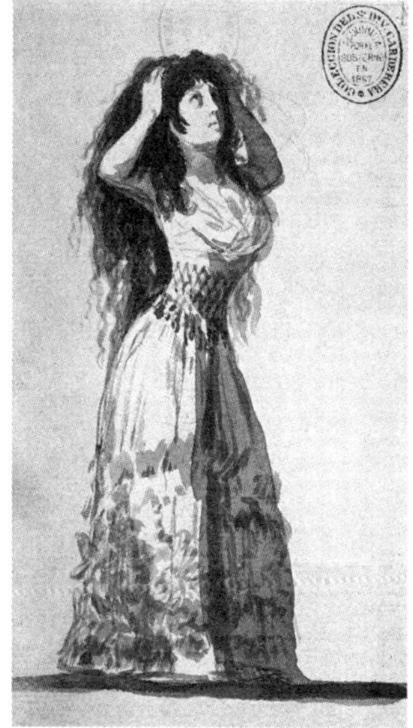

23 (links) Goya, Junge Frau wäscht sich an einem Brunnen, Sanlúcar-Album A. 4, 1796/97, Tusche, laviert, 17,1 x 10,1 cm, Madrid, Biblioteca Nacional

24 (rechts) Goya, Die Herzogin von Alba schüttelt ihre Haare zurecht, Sanlúcar-Album, Seite C, 1796/97, Tusche, laviert, 17,1 x 10,1 cm, Madrid, Biblioteca Nacional

Verzweifelt? Klagend? Anklagend? Oder ist alles nur Pose, um ihren Körper und ihre Haarpracht zur Geltung zu bringen? Die gewisse Zweiteilung ihres Körpers in eine Licht- und eine Schattenzone scheint diese Ambivalenz zu spiegeln. Die Büste wölbt sich, die Taille ist extrem eng geschnürt. Präsentiert die Herzogin sich wie die Pseudo-Susanna auf der Vorderseite? Von dieser her gedacht, muss man es so verstehen.

Ein letztes Paar: Die Vorderseite zeigt hier eine zum Tanz geschmückte Schöne im Profil, der Musiker hinter ihr ist dabei, ihr aufzuspielen. Ihre abgewandte Rückseite ist durch breite schwarze Tuschelinien von dem nur angedeuteten Musiker scharf getrennt. Tatsächlich oder nur vorgeblich? Wir können über ihr

Verhältnis nichts sagen. Ganz anders die Rückseite, die wieder fraglos die Herzogin von Alba zeigt. Sie sitzt mit ihrer geliebten schwarzen Adoptivtochter María de la Luz auf dem Schoß da und wendet sich ihr zärtlich zu – eine säkularisierte Madonnengruppe (Abb. 25). Die Anspielung mag irritieren, aber man sollte bedenken, dass es seit der Romanik den Typus der Schwarzen Madonna gibt, dem häufig der Spruch aus dem Hohelied beigesellt ist: «Ich bin schwarz, aber schön». Wäre es denkbar, dass Goya und die Herzogin mit einer Variante dieses Typs gespielt haben? In unserem Zusammenhang ist allein die Tatsache wichtig, dass an der tiefen Zuneigung der Herzogin kein Zweifel bestehen kann, während der Bezug der beiden Personen auf der Vorderseite völlig offen bleiben muss.

Im Madrider Skizzenbuch lässt sich noch die eine oder andere Zeichnung direkt auf die Herzogin beziehen. Der Ton der Darstellungen hält sich, doch werden sie szenischer. Und doch muss am Ende der Zeit in Sanlúcar etwas vorgefallen sein, das Goyas Verhältnis zur Herzogin grundsätzlich getrübt hat. In den «Caprichos», die 1797 und 1798 entstanden, finden sich bitterböse Aussagen über sie, offensichtlich lag eine extreme narzisstische Kränkung vor. Den Wandel zeigt das zweite Ganzfigurenporträt der Herzogin von 1797 an (Abb. 35). Offenbar verblieb es bis zu Goyas Tod in seinem Besitz. Die Herzogin erscheint in schwarzem Kleid und schwarzer Mantilla, einem Tuch, das über Kopf und Schultern gelegt und auf der Brust gekreuzt wird. Der Oberkörper ist leicht nach rechts gedreht, der Unterkörper ebenso leicht nach links. Mit ausgestrecktem Arm und Zeigefinger weist sie auf den Boden. Wiederum finden sich dort Goyas Name und das Datum 1797, doch nicht nur das: Vor Goyas Namen ist das Wort «Sólo» in den Sand geschrieben – «Nur Goya». Dieser Zusatz ist erst spät freigelegt worden, ob schon Goya ihn übermalt hat, bleibt unklar. Während jedoch die Jahreszahl für den Betrachter unmittelbar lesbar ist, erscheint das «Sólo Goya» für ihn auf dem Kopf. So soll man annehmen, die Herzogin habe die beiden Worte in den Sand geschrieben, ihre Fußspitze berührt den langen Unterschwung des «y». Hier dürfte es sich um Goyas Wunschprojektion handeln, doch gleichzeitig

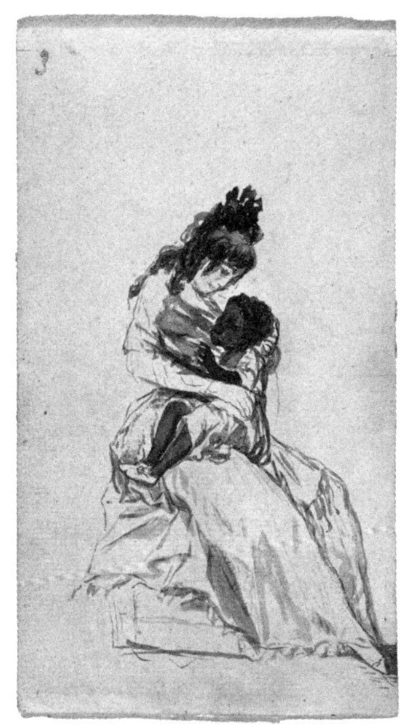

25 Goya, Die Herzogin von Alba und ihr Adoptivkind María de la Luz, Sanlúcar-Album, Seite E, 1795/96, Tusche, laviert, 17 x 9,9 cm, Madrid, Prado

wird ihm bewusst gewesen sein, dass eine in den Sand geschriebene Zeile nicht nur leicht vom Wind verweht werden kann, sondern auch mit einer kleinen Fußbewegung der Herzogin verschwinden würde. Sie schaut ein wenig sinnend-melancholisch, während ihre Geste eher herrisch ist. Auch hier Ambivalenz.

Die auf die Herzogin bezogenen «Caprichos» dagegen sind eindeutig. So kann es kaum einem Zweifel unterliegen, dass Goya sich selbst und die Herzogin von Alba auf Capricho 19 dargestellt hat (Abb. 26). Sie hockt als eine Art Harpyie, als Lockvogel auf einem Baum, umschwirrt von Männervögeln, von denen der größte mit Goyas Kopf sich ihr im Fluge nähert, doch sie ist von ihm abgewandt. Der Menschenkopf eines anderen Vogels, offensichtlich auch mit Porträtzügen, ist näher bei ihr, er scheint bei ihr «gelandet» zu sein. Es ist nicht unwahrscheinlich, dass Goya mit ihm Manuel Godoy gemeint hat, der zur unmittelbaren Entstehungszeit der «Caprichos» 1797/98 der neue Liebhaber der

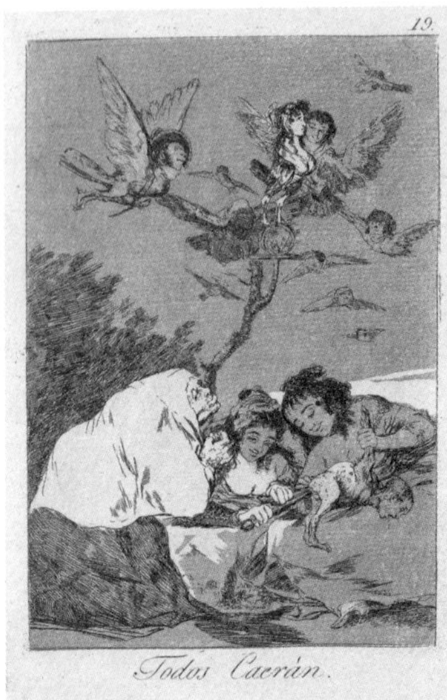

26 Goya,
Alle werden fallen,
Capricho 19, 1799,
Radierung und Aquatinta,
21,5 x 14,5 cm, München,
Staatliche Graphische
Sammlung

Herzogin war – was die Königin, die Anspruch auf ihren Günstling erhob, mit rasender Eifersucht erfüllte und sie alles unternehmen ließ, um die Verbindung zu hintertreiben. Doch wie es den angelockten Männern ergeht, zeigt Goya im unteren Teil der Radierung. Zwei junge Prostituierte, begleitet von einer alten Kupplerin, haben einen der gefangenen Vögel wie ein Hühnchen vollständig gerupft, halten ihn an den gestutzten Flügeln und quälen ihn bis zum Erbrechen, indem sie ihm voller bösartiger Freude zwei Pfeile oder Federkiele in den After rammen.

So verblüffend es erscheinen mag, Goya hat dieses abstoßende Motiv nicht erfunden, sondern zitiert. Da es kaum in der Hochkunst seinen Ort haben konnte, war er – wie so oft – auf zwei seiner Hauptquellen verwiesen: die Graphik von William Hogarth und die von diesem geprägte englische Karikatur. Das scheußliche Quälmotiv findet sich in der ersten Szene von Hogarths «Vier Stufen der Grausamkeit» (Abb. 27). Der spätere Mörder Tom Nero ist schon in seiner Jugend völlig verroht und quält mit anderen Kindern einen an einem Strick gehaltenen Hund, indem

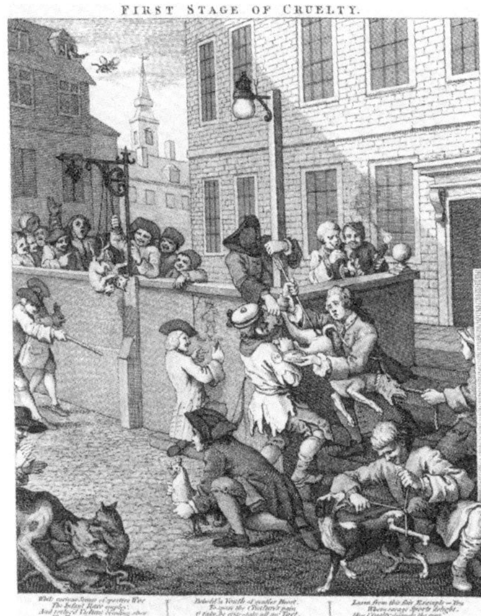

27 William Hogarth, Die vier Stufen der Grausamkeit, Blatt 1: Die erste Stufe der Grausamkeit, 1751, Radierung und Kupferstich, 38,6 x 32 cm, London, Metropolitan Archives

er ihm brutal einen Pfeil ins Hinterteil schiebt, was das arme Tier verzweifelt aufjaulen lässt. Bei Goya steht die Herzogin von Alba, als Harpyie auf kommendes Unheil verweisend, auf einer Art Kugel, womit offenbar auf das wetterwendische Glück verwiesen werden soll. Sie im Milieu der Prostituierten zu verankern und dennoch als auch Goyas Objekt der Begierde zu deklarieren, kann verdeutlichen, wie sehr Goya ihr verfallen war, und zugleich, wie sehr ihn ihre vermeintliche Untreue verletzt hat.

Dass Goya dafür ein Bild suchte, erweist das folgende Capricho 20 (Abb. 28). In der oberen rechten Ecke des Blattes kopulieren zwei Menschenvögel, und im Vordergrund vertreiben zwei Prostituierte, jeweils von ihrer Kupplerin begleitet, gleich mehrere gerupfte Männerhühner. Nachdem sie ausgenommen wurden, alles verloren haben, werden sie mit dem Besen ausgekehrt und noch von Schlägen begleitet. Hier ist Goyas Quelle eine andere, aber ebenso bezeichnende: Es ist die Geschichte des verlorenen Sohnes unter den Huren. In der Bildtradition pflegt vorne eine Feier im Bordell dargestellt zu werden, während hinten die

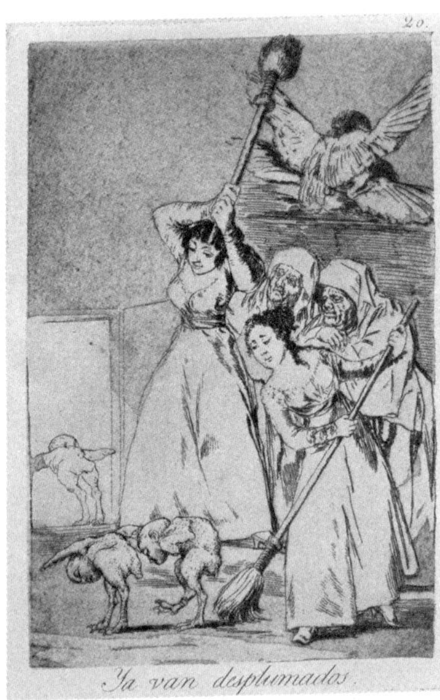

28 Goya, Sie werden gerupft, Capricho 20, 1799, Radierung und Aquatinta, 21,8 x 15,2 cm

Folgen der Ausschweifung vorgeführt sind. Auch auf diesen Darstellungen vertreiben zumeist zwei Prostituierte mit Stockhieben den nun wirklich verlorenen, mittellosen Sohn aus der Herberge. Gelegentlich wird diese Szene auch herausgelöst und in Bilderfolgen als Einzelszene präsentiert. Der Zusammenhang ist fraglos gegeben, und so sieht Goya auch sich selbst als verlorenen Sohn. Doch wie so oft, wenn er biblische Formulare zitiert, müssen wir begreifen, dass er die Szene nicht im biblischen Sinn zu Ende denkt. Denn während der verlorene Sohn am Ende wieder im Hause seines Vaters aufgenommen wird und Gnade erfährt, ist für Goya das Schicksal des Einzelnen unabänderlich, eine Auflösung der Schicksalsverfallenheit erscheint nicht möglich.

Ein weiteres Blatt, das um Goya und die Herzogin von Alba kreist, war zweifellos für die «Caprichos» gedacht, allerdings wurde es von Goya nicht in die Serie aufgenommen – zu verräterisch war die Konstellation (Abb. 29). Seinen Titel kennen wir durch die detaillierte Vorzeichnung, die ihn handschriftlich trägt:

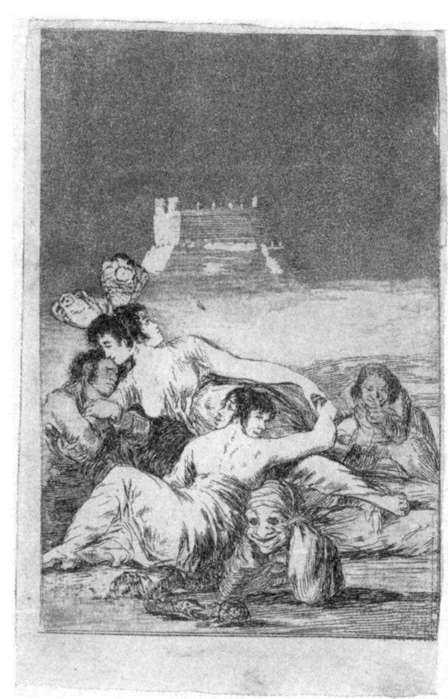

29 Goya, Der Traum von der Lüge und vom Wankelmut, unpubliziertes Capricho, 1797/98, Radierung und Aquatinta, 18 x 12 cm, Madrid, Biblioteca Nacional

«Sueño / De la mentira y la ynconstancia» – «Der Traum von der Lüge und vom Wankelmut». Die Herzogin von Alba mit Doppelgesicht und Schmetterlingsflügeln, die wie im Capricho 61 auf ihre Flatterhaftigkeit verweisen, erstreckt sich in schräger Lage über das ganze Blatt. An ihren rechten Arm hat sich Goya geklammert, mit ihrem einen Gesicht lächelt sie ihn an, doch ihr anderes Gesicht ist der Ferne zugewendet, in der eine uneinnehmbare Trutzburg zu erkennen ist. Ihr linker Arm ist weit ausgestreckt, und die zugehörige Hand ergreifen gleich zwei Personen, ein grinsender, triumphierender Herr, der seinen Finger schlau an die Nase gelegt hat, und eine weitere doppelgesichtige Frau, die im Bildvordergrund hockt.

Für diese Konstellation ist nur eine Deutung denkbar. Bei dem überlegenen Herrn handelt es sich erneut um Manuel Godoy. Seine Affäre mit der Herzogin hatte bereits begonnen, als er 1797 so dreist war, seine Mätresse Pepita Tudó bei Hofe einzuführen. Die Königin – und um sie muss es sich bei der zweiten doppelgesichtigen Gestalt handeln – ließ sie ihm, wenn auch ungern, hoffte sie doch, ihn damit der Herzogin von Alba entfremden zu können. Auf diese geht der Blick ihres linken Gesichts, während der Blick des rechten zu schwanken scheint, zwischen Godoy und dem seltsam grinsenden Kopf im Vordergrund, an dem zwei Beutel hängen. Das ganze Gebilde ähnelt einem männlichen Geschlecht mit Testikeln, zumal Goya in den «Caprichos» mehrfach die Analogie von großer Nase und Penis nutzt. Dieses Testikelgesicht scheint sich über den Kampf von Kröte und Schlange im Vordergrund zu amüsieren. Bei ihm dürfte es sich, kaum mag man es aussprechen, um den König handeln, der das Opfer all jener sexuellen Intrigen war. Es unterliegt keinem Zweifel, dass dieses gänzlich indiskrete und politisch einigermaßen brisante Blatt kaum veröffentlicht werden konnte. Goya in seiner Seelenpein war bei diesem Rundumschlag entschieden zu weit gegangen.

5 «Los Caprichos»

Ende 1798 war die Radierfolge der «Caprichos» abgeschlossen. Schon 1797 wurde sie ein erstes Mal annonciert, es war die Rede von 72 Blatt. Offenbar diente die Annonce einer Werbung zur Subskription. Wichtiger war die Doppelannonce vom 6. Februar 1799 im «Diario de Madrid» und vom 19. Februar in der «Gaceta de Madrid». Vier komplette Folgen der «Caprichos» hatte die Herzogin von Osuna bereits im Januar bezahlt.

Von den Vorzeichnungen ist nur eine einzige datiert, und zwar auf 1797. Es handelt sich dabei um den Entwurf zum berühmten Capricho 43 «Der Schlaf der Vernunft gebiert Ungeheuer», das ursprünglich als Titelblatt einer Folge von «sueños», von Träumen, gedacht war. Denn die direkte Vorzeichnung dazu trägt die Aufschrift «Sueño I». Die endgültigen Vorzeichnungen zu den «Caprichos» hingegen weisen bereits eine die jeweilige Darstellung charakterisierende Inschrift auf.

Ein Teil der Vorzeichnungen wurde angefeuchtet und auf der Druckplatte abgeklatscht, was den folgenden Radiervorgang erleichterte und beschleunigte. Erst wurden die Linien der Darstellung gezogen, dann anstelle der Lavierung der Zeichnungen Aquatinta als Flächenätzung benutzt, gelegentlich wurde mit dem Stichel nachgearbeitet. Zwei der Radierungen, die Nummern 32 und 39, wurden in reiner Aquatinta ohne umreißende Linien gefertigt.

Wohl 300 Exemplare der gesamten Folge wurden im Juli 1798 gedruckt, und zwar mit einiger Wahrscheinlichkeit in der Residenz des französischen Botschafters Ferdinand Guillemardet, von dem Goya ein grandioses Porträt in den Farben der Trikolore gemalt hat. Allerdings wurde der Vertrieb der «Caprichos» bald nach der Auslieferung Anfang 1799 wieder gestoppt. Es scheint, als habe man dies Goya aus politischen Gründen nahegelegt. Denn 1803 übergab er der königlichen Chalkographie, der staatlichen Druckinstitution, die Druckplatten und mit den Platten 240 nicht verkaufte Exemplare der Serie. Die Abgabe war offenbar eine Vorsichtsmaßnahme, Goya handelte dafür eine Pension für seinen Sohn aus. In der Folge wurden einige Exemplare über die Chalkographie verkauft, doch zu einem freien Verkauf kam es erst wieder im fortgeschrittenen 19. Jahrhundert, lange nach Goyas Tod.

Es existiert eine Fülle von zeitgenössischen Kommentaren zu jedem einzelnen Blatt der «Caprichos». Vor allem drei haben besonderes Gewicht. Sie stammen aus Goyas Umfeld. Verkürzt gesagt unterlegen sie den Graphiken eine aufklärerische moralische Bedeutung, die sehr selten auf direkte tagespolitische Anlässe anspielt. Dies ist eine denkbare Verständnisebene von Goyas Folge, und sie dürfte mit den Überzeugungen seiner aufgeklärten Freunde übereinstimmen. Und doch wird man auch sagen müssen, dass so gut wie kein Blatt sich in einer planen Moral erschöpft. Goya ist kein Didaktiker, sondern ein Satiriker in einer langen literarischen Tradition besonders spanischer Satiriker, die die Paradoxie und Mehrdeutigkeit zum Prinzip gemacht haben, wohl wissend, dass unsere Welt nicht wirklich zu reformieren ist und man nur mit Ironie und gelegentlich auch

Zynismus auf das Unabänderliche reagieren kann. Selbst wenn Goya eine ganze Reihe von Themen seiner aufgeklärten Freunde – vor allem von Jovellanos aus dessen Journal «El Censor» – aufgreift, so folgt er doch nicht deren Optimismus, sondern ist und bleibt ein skeptischer Pessimist in der Tradition des Erasmus von Rotterdam, die in Spanien vor allem von Quevedo oder Gracián fortgeführt wurde.

Das macht das endgültige Titelblatt der «Caprichos» nachdrücklich deutlich (Abb. 30). Es zeigt ein Selbstbildnis Goyas mit Zylinder im Profil nach links. Der Zylinder ist zu diesem Zeitpunkt die Kopfbedeckung nicht etwa der Honoratioren, sondern liberaler Intellektueller. Die reine Profildarstellung entzieht uns den Dargestellten im Normalfall, zugleich ist sie in ihrer Profillinie physiognomisch eindeutig. Doch Goyas Selbstbildnis im Profil ist doppeldeutig – wie so gut wie alles bei ihm. Denn obwohl er sich im Profil in einer Zone bewegt, zu der wir keinen Zugang haben, scheint er uns doch aus den Augenwinkeln wahrzunehmen, ohne uns zu fixieren. Da zudem der Mundwinkel leicht herabgezogen ist, scheint sein Gesicht etwas Missmutig-Misstrauisches auszudrücken. Und in der Tat folgt er der Physiognomielehre des Charles Lebrun, und zwar dem Typus des «mépris», der für Verachtung oder Geringschätzung steht. Doch was schätzt er gering? Uns? Womöglich auch dies, vor allem aber dürfte es sich um Weltverachtung handeln, wie sie die skeptische Tradition in allen Varianten entwickelt hat. Diese Welt, das scheint Goyas Erfahrung und Überzeugung zu sein, gebiert nichts Gutes, und von diesem unheilvollen Zustand legen die «Caprichos» Zeugnis ab.

Wir können die Folge der «Caprichos» grob in drei Gruppen unterteilen. Die erste Gruppe, die nach dem Titel die Nummern 2–36 umfasst, könnte man überschreiben: Der ganz alltägliche Wahnsinn der Verhältnisse. Menschliche Triebe, besonders sexuelle, Falschheiten, Gier, Machismo, aber auch die Auswüchse der Inquisition sind Thema – die Einsicht in all dies ist für Goya Resultat der Beobachtung der Wirklichkeit. Dann folgt eine kleinere Gruppe von Tierallegorien, gewidmet dem Esel als Verkörperung von menschlicher Dummheit, sie umfasst

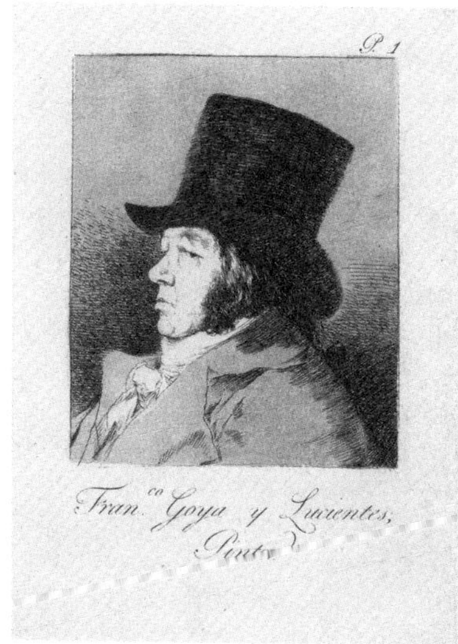

30 Goya, Selbstbildnis, Titelblatt der «Caprichos», 1799, Radierung und Aquatinta, 21,5 x 15 cm, München, Staatliche Graphische Sammlung

die Nummern 37–42. Es geht um falsche Erziehung, ärztliche Scharlatanerie und Selbsttäuschung.

Mit Capricho 43 beginnt etwas Neues. Die zweite Vorzeichnung trägt die Unterschrift: «Universale Sprache. Gezeichnet und radiert von F. de Goya im Jahre 1797», und darunter etwas abgesetzt: «Der Autor träumend. Seine einzige Absicht ist es, schädliche Gemeinplätze zu verbannen und mit diesem Werk der Caprichos das solide Zeugnis der Wahrheit zu verewigen». Die Aufschrift auf dem Sockel der endgültigen Radierfassung, auf den der Künstler seinen Kopf mit verschränkten Armen gelegt hat, spitzt diese aufklärerisch zu lesende Aussage noch zu: «Der Schlaf der Vernunft gebiert Ungeheuer». Wenn die Vernunft schläft, produziert sie Abwegiges. Doch übersetzen wir «sueño» nicht mit Schlaf, sondern mit Traum, dann kann man auch lesen: Im Traum stellen sich Bilder ein, tauchen aus dem Unbewussten auf, die hochgradig ängstigen können. Wir mögen versuchen, diese Gebilde rationaler Prüfung zu unterwerfen, doch gegen ihre in uns fortwirkende Macht ist schwer, ja, unmöglich anzukommen. Und diese Träume und Traumgebilde, diese Alp- und Angstträume, die über Jahrhunderte im Volksglauben ihre Magie entfaltet und den ganzen Hexenkult und Aberglauben, forciert von der Kirche, hervorgebracht haben, stellt Goya in allen Facetten in den Caprichos 44–80 dar.

Die Aussage dieser Blätter ist schwerer zu greifen als diejenige der vorangehenden Gruppe, was nur logisch ist, denn die Traumlogik folgt eigenen Gesetzen, die uns kaum rational zugänglich sind. Und dennoch sucht Goya unsere Rezeption in dreierlei Hinsicht zu steuern. Zum einen unterlegt er eine ganze Reihe von «Caprichos» mit christlich-ikonographischen Schemata, die zumindest dem Spanier der Zeit um 1800 aus dem Kultus der Kirche geläufig waren. Zum zweiten nutzt Goya die Sprache des Karnevals und der sogenannten verkehrten Welt. Auch diese Sprache war jedem Spanier vertraut. Im Karneval vor der Fastenzeit war Verbotenes zumindest spielerisch erlaubt, Grenzen konnten überschritten werden, in der Verkleidung konnten die sozialen Verhältnisse auf den Kopf gestellt werden, was vor allem dem Volk als Ventil diente. Und die sogenannten Aleluyas, Bilderbögen mit geradezu kanonischen Szenen aus der verkehrten Welt, gaben dieser Umkehr der Verhältnisse Ausdruck. Um 1800 stammten sie zumeist aus Katalonien und waren als populäre grobe Holzschnitte weit verbreitet. Goya allerdings ist sich nicht sicher, ob mit dem Einsetzen der Fastenzeit die alte Ordnung wiederhergestellt wird. Für ihn scheinen die Bilder der verkehrten Welt, die er in einer Fülle von «Caprichos» nutzt, eher Ausdruck eines immerwährenden Karnevals zu sein, dem beim herrschenden Zustand der Welt nicht zu steuern ist. Und drittens schließlich muss man darauf hinweisen, dass Goya die Bedeutung seiner Blätter, aber auch deren Ambivalenz, mit abstrakten formalen Mitteln zu erzielen vermochte.

Für jedes dieser Verfahren sei nur ein Beispiel angeführt. Capricho 9 ist «Tantalo» beschriftet (Abb. 31), und die zeitgenössischen Kommentare sind mehr als eindeutig. Zwei davon sind beinahe gleichlautend: «Ein hübsches Weib an der Seite eines Alten, der sie nicht befriedigen kann, hat Sehnsüchte und ist wie der, der Durst hat, am Wasser ist und nicht trinken kann». Ein dritter Kommentar bringt es kürzer auf den Punkt: «Wenn er

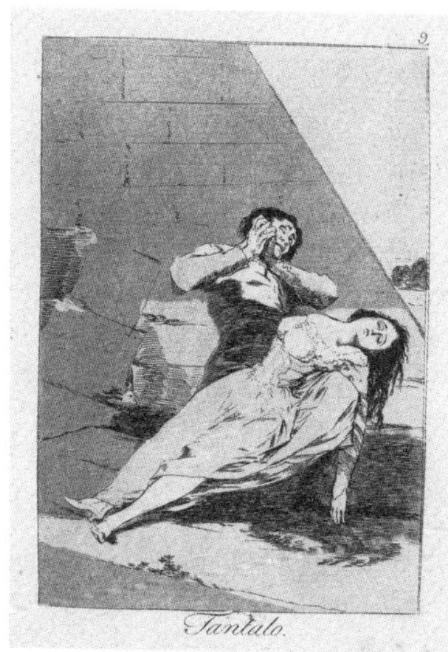

31 Goya, Tantalo, Capricho 9, 1799, Radierung und Aquatinta, 20,5 x 15 cm, München, Staatliche Graphische Sammlung

ein besserer Liebhaber wäre und weniger langweilig, würde sie wieder erwachen». Kurz: Die tantalischen Qualen der Impotenz sind das Thema. Der Alte ringt verzweifelt die Hände, die stocksteif in seinem Schoß liegende Schöne scheint ohnmächtig. Eine Pyramide hinterfängt die Gruppe. Doch große Quadersteine scheinen sich aus ihr gelöst zu haben und bedrohen die Gruppe von der Seite.

Warum aber ist uns die Darstellung unangenehm? Aus zweierlei Gründen. Zum einen kontrastieren die Verzweiflung des Alten und die Sexualität ausstrahlende Schöne mit den entblößten großen Brüsten. Diese stechen im Wortsinn hervor. Die sich unter den Armen des Alten hinziehende Schattenlinie auf der Pyramide trennt ihn zusätzlich von der Schönen, die darunter vollständig im Licht bleibt. Die Lichtführung ist wenig logisch, aber wirkmächtig und stellt eines der vielen abstrakt-formalen Steuerungsinstrumente von Goya dar. Zum anderen aber können wir nicht umhin, in der Figuration eine Pietà-Gruppe zu sehen, wobei die Rolle der Geschlechter ausgetauscht ist. Die Schöne tritt an die Stelle des toten Christus, der gerade in französischen und spanischen gemalten oder hölzernen Pietà-Gruppen des späteren Mittelalters in Todesstarre steif auf dem Schoß Mariens aufruht, mit wie gebrochen erscheinendem Hals und steif herunterhängendem Arm. Gebrochen erscheinen in beiden Fällen auch die Augen, halb geschlossen und nichts sehend. Die Übernahme des Typus ist eindeutig. Die Ohnmacht heuchelnde Schöne in der Rolle des toten Christus? Ist das von Goya bewusst blasphemisch gemeint, der gleichzeitig mit den «Caprichos» doch immer noch Freskoaufträge in spanischen Kirchen ausführte? Es ist wohl eher so, dass wir die unheilvollen Zustände der Gegenwart am christlichen Opfer messen sollen, um zu erkennen, dass sich in der Gegenwart keine Hoffnung, schon gar nicht auf Erlösung, einstellt. Das ist weniger blasphemisch als verzweifelt gedacht.

Für das zweite Verfahren mag Capricho 42 einstehen (Abb. 32). Die Verhältnisse sind auf den Kopf gestellt: Die Bauern tragen die Esel, die sie schier zu Boden drücken. Der Titel «Du, der du nicht kannst» ist der Anfang einer spanischen Redewendung, die weiter geht: «... trag mich auf deinen Schultern». Der Goya am nächsten stehende Kommentar zu den «Caprichos» aus der Biblioteca Nacional eröffnet die soziale Dimension des Titels: «Es sind die Armen und arbeitenden Klassen der Gesellschaft, die auf ihrem Rücken die Esel tragen, und sie sind belastet mit all dem Gewicht der Abgaben an den Staat». Das verweist auf das unsägliche spanische Steuersystem, bei dem Adel und Kirche von den Abgaben befreit waren, ja, der Adel, wenn er seinen Status halten wollte, nicht selbst arbeiten durfte. So war allein die arbeitende Bevölkerung und besonders die Landbevölkerung für den Steuerertrag zuständig. Doch Goya gibt sich nicht damit zufrieden, diese unhaltbaren Zustände im Sinne der aufklärerischen Reformer zu beklagen. Indem seine Bauern die Augen geschlossen halten, erweist sich ihre Last als eingebildet. Würden sie sich aufrichten und den Blick heben, so könnten sie ihre Last abschütteln und sich befreien. Das war durchaus revolutionär gedacht.

Der Bildtypus mit dem gepeinigten dritten Stand, der den ersten und den zweiten Stand auf seinem Rücken trägt – beide er-

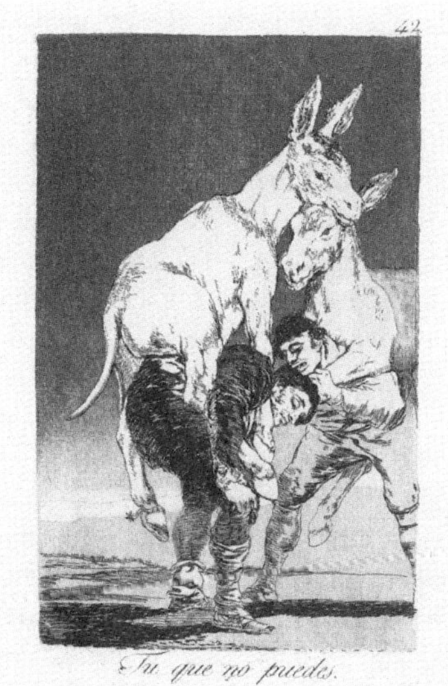

32 Goya, Du, der du nicht kannst, Capricho 42, 1799, Radierung und Aquatinta, 21,7 x 15 cm, München, Staatliche Graphische Sammlung

nähren sich auf seine Kosten –, hat eine lange, bis in die Renaissance zurückreichende Tradition. Französische und englische Karikaturen des 18. Jahrhunderts greifen ihn auf, vor allem aber findet er sich in einer Goya höchst verwandten Form mit Eseln als «Lasttieren» in den spanischen Bilderbögen um 1800. Noch Ludwig Uhland spielt in seiner Ballade «Schwäbische Kunde» von 1814 in den Versen 9 und 10 darauf an: «Den Pferden ward so schwach im Magen, / fast mußt der Reiter die Mähre tragen».

In den spanischen Aleluyas, die indirekt wie die spanischen Aufklärer eine Aufwertung der spanischen Volksklassen betreiben, findet sich in kleinen Feldern eine Fülle von Darstellungen mit umgekehrten Verhältnissen – und Goya nutzt viele davon: Stühle werden auf dem Kopf getragen (Capricho 26), die Hose wird zur Jacke und damit die große, durch den Hosenschlitz schauende Nase zum Penis (Capricho 54), der Esel wird zum Doktor und fühlt dem Patienten den Puls, wobei die Kur nicht anschlagen wird (Capricho 40), der Papagei predigt dem Volk pseudowissenschaftliche vermeintliche Wahrheiten (Capricho 53), selbst die Hexenszenen im dritten Teil der «Caprichos» sind zum Teil von den Bilderbögen befruchtet.

Doch die verkehrte Welt bekommt ihren tieferen Sinn erst durch den Karneval. Das hat Victor Stoichita in seinem klugen, zusammen mit Anna Maria Coderch geschriebenen Buch mehr als wahrscheinlich gemacht (Stoichita – Coderch 2006, bes. Kap. 5). Sie gehen von Goyas Madrider Adresse aus: Calle del Desengaño, Nr. 1, Straße der Enttäuschung oder der Ernüchterung, ferner von der Überzeugung, dass hinter der Wahl gerade einer Straße mit diesem Namen eine bewusste, symbolisch zu verstehende Anspielung liegt. Goya dürfte den Begriff «desengaño» – besonders in Bezug auf die «Caprichos» – in der Tradition Quevedos und Graciáns in vielfältiger Weise verstanden haben (Busch 2018). Er gibt für die «Caprichos» an, sie seien der Wahrheit verpflichtet, und will damit dem Betrachter jede Illusion rauben, auch wenn es diesen noch so sehr enttäuscht. Selbst die Träume vermitteln die Wahrheit der Wirklichkeit. Doch auch der Künstler selbst ist enttäuscht, weil ihn der Zustand der Welt ernüchtert und er nur voller Skepsis, ja, Verachtung auf die bestehenden Verhältnisse schauen kann. Das spanische Volk wird von Staat und Kirche mit Lug und Trug hintergangen. Die Aufklärer versuchen, es zu ent-täuschen, doch Goya hat, so sehr er ihrem Gedankengut verpflichtet ist, seine Zweifel, ob dies je gelingen kann. Das kann das Datum seiner Annonce zu den «Caprichos» vom 6. Februar 1799, das zugleich das offizielle Publikationsdatum seiner Serie war, mit Nachdruck belegen: Es ist der Aschermittwoch, die Scheide zwischen Karneval und Fastenzeit. Mitnichten werden nach Goyas Überzeugung die Willkür und Freizügigkeit, die Umkehrung der Verhältnisse der Karnevalszeit aufgehoben und wird die nötige Ordnung wiederhergestellt, vielmehr leben Chaos, Ungerechtigkeit und Enthemmung ungebremst fort.

Selbst den annoncierten Preis der «Caprichos» kann man symbolisch verstehen, er betrug 320 Reales, also vier Reales pro Capricho. Doch 320 Reales sind in der Währung der Zeit auch eine Unze Gold. Glaubte Goya in alchemistischer Tradi-

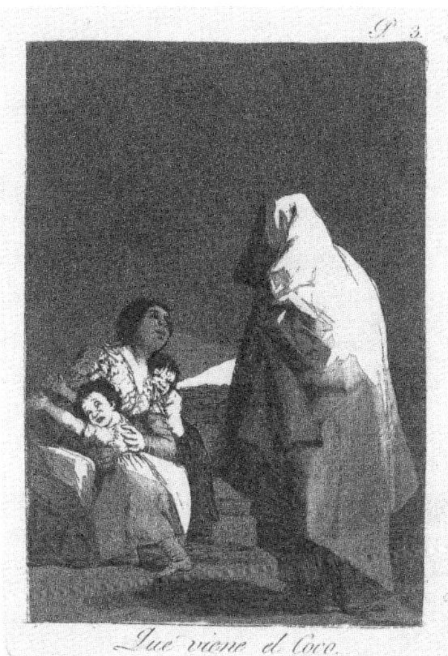

33 Goya, Da kommt der Schwarze Mann, Capricho 3, 1799, Radierung und Aquatinta, 21,7 x 15,3 cm, München, Staatliche Graphische Sammlung

tion, den Schmutz der Zeit in Gold verwandeln zu können? Wohl kaum. Über Jahrhunderte haben die Alchemisten versucht, aus der «terra foetida», der schmutzigen, stinkenden Erde, Gold zu schaffen. Sie haben alles Mögliche gefunden, nur kein Gold. Als Metapher für Goyas Vorhaben ist die Analogie zum vergeblichen, aber nie aufgegebenen Tun der Alchemisten geradezu ideal geeignet. Einerseits will Goya ent-täuschen, was ja nichts anderes heißt als aufklären, andererseits weiß er um die Vergeblichkeit dieses Versuchs, so dass ihm nur Enttäuschung bleibt.

Das dritte Verfahren der Rezeptionssteuerung, das der formalen Abstraktion, setzt Goya sehr gezielt ein. Und wiederum hat es eine doppelte, ambivalente Funktion. Capricho 3 «Da kommt der Schwarze Mann [el Coco]» ist, vertraut man den Kommentaren, eine Warnung vor falscher Kindererziehung (Abb. 33). Um die Kinder einzuschüchtern, lassen die Mütter den verkleideten Schwarzen Mann auftreten. Der in der Biblioteca Nacional aufbewahrte Kommentar spezifiziert dies noch. Nicht nur werden die Kinder durch *el Coco* in Furcht und Aberglauben gehalten, sondern, schlimmer noch, die Mutter täuscht und verschreckt die Kinder, um ungestört ihren Liebhaber empfangen zu können. Doch Goya zeigt uns auch, dass die Furcht vor einer Erscheinung, die wir nicht einschätzen können, da wir sie nicht zu durchdringen vermögen, real ist. Um diesen Eindruck zu verstärken, schiebt er zwischen den Schwarzen Mann und die Gruppe mit der Mutter und den hochgradig verschreckten Kindern einen weißen Keil, der keinerlei gegenständliche Berechtigung hat, jedoch in seiner Wirkung im Bilde geradezu verletzend erscheint.

Dieses Spiel mit der Schwärze der Aquatinta und ihrem Gegenstück, der blendend weißen Aussparung der Ätzung, setzt Goya vielfältig ein. In dem bereits betrachteten Capricho 9 «Tantalo» (Abb. 31) stoßen die weiße Brustspitze der Schönen in ihrer vorgetäuschten Ohnmacht und die Spitze des Schattens des Verzweifelten wie Tag und Nacht aufeinander. Capricho 10 «Die Liebe und der Tod» meldet, aufklärerisch gesehen, eine deutliche Kritik an der spanischen Duellpraxis an, stellt jedoch auch eine unmittelbare Anspielung auf den Typus der Kreuzabnahme dar – man betrachte nur die auffallende Parallelisierung der Münder. Im Gegensatz zur christlichen Kreuzabnahme ist allerdings nicht das Halten des Toten verbildlicht, vielmehr das unvermeidliche Zusammenbrechen nicht nur der Gruppe selbst, sondern aller Liebesillusion. Verdeutlicht wird dies dadurch, dass die Schwärze des oberen Aquatintastreifens mit ihrer nach unten weisenden Ausbuchtung auf die Gruppe drückt, so dass eine Aufrichtung unmöglich erscheint. Ähnlich ist der Einsatz der Aquatinta in Capricho 8 «Sie haben sie mitgenommen». Zum einen sind die Frauenräuber wie die Figur von *el Coco* gänzlich undurchdringlich, die Kapuze des vorderen schwärzt sein Gesicht. Andererseits schneidet die Aquatinta geradezu den Leib der Entführten in der Taille durch und stiftet auch so eine Ahnung von Gewalttat und Vergewaltigung.

Durch ein weiteres Verfahren der formalen Abstraktion erlangt Goya das, was man «Ableseambivalenzen» nennen könnte: Durch Unstimmigkeiten in der Perspektive und der Anatomie, aber auch durch bewusst angelegte optische Täuschungen lesen

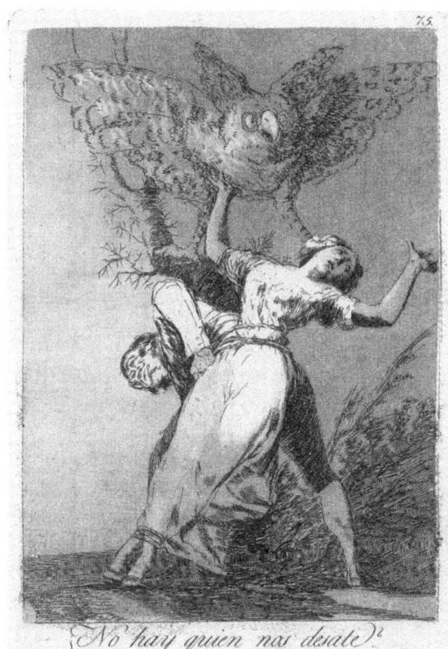

34 Goya, Gibt es denn niemanden, der uns losbindet?, Capricho 75, 1799, Radierung und Aquatinta, 21,5 x 15 cm, München, Staatliche Graphische Sammlung

wir Dinge zusammen, die nicht zusammengehören. In Capricho 75 setzt unser Blick das rechte Bein des an eine Frau geketteten Mannes im Stamm eines Baumes fort, an den der Mann und seine Partnerin unlöslich gebunden sind (Abb. 34). Zugleich ist die schemenhafte riesige Eule, die über den beiden hockt, obwohl sie bildparallel angeordnet ist, mit ihrem rechten Bein weit hinten auf dem geneigten Baumstamm platziert, während das linke weit vorn den Kopf der Frau traktiert. Dadurch wird nicht nur der andere Realitätscharakter der Eule betont, sondern auch ihr ängstigendes Potential. Auf die Widersprüche müssen wir uns unseren Reim machen. Aufklärerisch wäre wieder nur von einem Faktum die Rede: von der in Spanien nicht möglichen Ehescheidung, dem unauflöslichen Aneinander-Gebunden-Sein. Goyas Inszenierung dagegen demonstriert das Elend des nicht harmonierenden Paares und seine Verzweiflung. Das Allgemeine wird ausdrücklich individualisiert. Dass Mitteilung und Ausdruck vieldeutig sind, aber tendenziell auch steuerbar, ist Goyas Erkenntnis der Gegenwartsverhältnisse zu verdanken – womit ein Grundproblem der modernen Welt freigelegt wäre.

6 Die «Nackte» und die «Bekleidete Maja»

Um 1800 wurde Goya primär vom ersten Minister Manuel Godoy und von der Königsfamilie beschäftigt. Godoy, Günstling der Königin, wohl auch ihr Liebhaber, begann seinen Aufstieg 1792. Er war, was gern unterschlagen wird, an aufgeklärten Reformen interessiert, war ein durchaus begabter Politiker und ein Workaholic. Bis März 1798 konnte er sich an der Regierung halten, heftig bekämpft vom alten Adel und der Kirche, die ihn mit allen Mitteln der Propaganda zu diskreditieren suchten: als skandalösen Liebhaber der Königin auf Kosten des armen hintergangenen Königs Karl IV. und generell als Triebtäter. Keine Jungfrau könne, wie es hieß, ungeschändet aus seinem Kabinett hervorkommen. Auf Dauer ließ sich die liberale Politik unter Godoy nicht halten, zu groß war die Furcht, die Entwicklung der Französischen Revolution könne auf Spanien übergreifen; zudem gelang es nicht, die extrem hohen spanischen Staatsschulden in den Griff zu bekommen. Das kostete die liberalen Franzosenfreunde, zu denen Goya engen Kontakt unterhielt, ihre Ministerämter. Godoy wurde am 1. März 1798 seines Amtes enthoben. Jovellanos wurde als Justizminister, Francisco de Saavedra als Finanzminister nach kurzer Regierungszeit bereits im August 1798 wieder entlassen.

Godoy fiel auch bei der Königin zeitweilig in Ungnade, primär wohl wegen seiner von 1797 bis 1799 dauernden Affäre mit der Herzogin von Alba. Er versuchte, sich der Königsfamilie in jeder nur denkbaren Art und Weise wieder anzudienen, trennte sich schließlich nicht nur von der Herzogin von Alba, sondern diffamierte sie bei Hofe. Die Herzogin dagegen versuchte, ihn zu halten, und schenkte ihm das wohl schönste Aktbild der Kunstgeschichte für sein sogenanntes Venuskabinett: die nackte

Venus von Velázquez. Mitte des Jahres 1799 nahmen Godoys Vorwürfe gegenüber dem jetzt herrschenden Kabinett zu. Die Königin wurde erneut für seine Argumente zugänglich, entließ Minister und brachte Godoy zurück an die Macht. Dieser hatte behauptet, die Ministerriege setze sich aus einer Clique um die Herzogin von Alba zusammen. Als letzter wurde der Kriegsminister Cornel im Februar 1801 entlassen – er war der neue Liebhaber der Herzogin von Alba. Godoy beerbte ihn als Oberbefehlshaber des Heeres und erlangte in dieser Funktion 1801 einen leichten Sieg über Portugal.

Goya verewigte ihn als siegreichen Feldherrn und Friedensfürsten. Schon 1799 hatte die Königin Godoy dazu gebracht, die Herzogin von Chinchón zu heiraten, die Tochter des Don Luis – damit war Godoy in die weitere Königsfamilie integriert. Goya malte die Herzogin 1800 in einem anrührenden Porträt als Schwangere mit einem Kornährenkranz im Haar. In dieser Zeit produzierte Goya auch eine Fülle von Porträts der Königin und des Königs, was im Porträt der königlichen Familie aus dem Jahr 1800 gipfelte. Godoy konnte sich bis 1808 an der Macht halten, bis zum Einmarsch der Franzosen und dem sich dagegen formierenden spanischen Volksaufstand, bei dem Godoy fast gelyncht wurde. Er ging mit der Königsfamilie auf Napoleons Veranlassung nach Bayonne, wo der König auf sein Amt verzichten musste, zugunsten seines Sohnes Ferdinand VII. Später zog Godoy mit der Königsfamilie ins endgültige Exil nach Rom.

Nun haben sich um Godoys Venuskabinett nicht wenige Legenden gerankt. Sie betreffen vor allem die «Nackte» und die «Bekleidete Maja» (Abb. 36 und 37). Bis heute ist unklar, wann die beiden Bilder entstanden, wer sie in Auftrag gegeben hat, wer dargestellt ist und ob überhaupt eine bestimmte Person als Modell diente. Ja, sogar die Frage, ob es sich um Pendants handelt bzw. ob die Bilder von vornherein als solche geplant waren, lässt sich nicht endgültig entscheiden. Vermutet wurde, die Herzogin von Alba habe sie in Auftrag gegeben und Godoy schließlich geschenkt. Es konnte auch nicht ausbleiben, dass man in ihr die Dargestellte sah, was, lange schwarze Haare hin oder her, wenig Wahrscheinlichkeit hat. Auch hat das Gesicht gerade nicht die physiognomischen Eigenschaften, die Goya in den Zeichnungen der Herzogin stark gemacht hat.

Das einzige belastbare Datum, das zur Verfügung steht, ist der 12. November 1800. Für dieses Datum ist dokumentiert, dass die «Nackte Maja» sich im Besitz von Manuel Godoy befunden habe. Für die «Bekleidete» gilt dies erst 1808. So wird man wohl annehmen müssen, die «Nackte Maja» sei kurz vor 1800 gemalt worden, die «Bekleidete» bald nach 1800, und Auftraggeber für beide dürfte Godoy gewesen sein. Sie fanden Platz in seinem Venuskabinett. Ob sie durch einen Klappmechanismus verbunden waren, wobei die «Bekleidete» die «Nackte» bedeckt hätte und nur bei Bedarf die «Nackte» freigelegt worden wäre, wie mehrfach überliefert ist, muss ebenfalls letztlich offen bleiben – die Überlieferung könnte dem Reich der Legende angehören. Wurde die «Bekleidete» tatsächlich erst in einem gewissen zeitlichen Abstand zur «Nackten» in Auftrag gegeben, dann wird die Aussage über beide Bilder direkter und auch frivoler. Denn dann sind die Benennungen der Überlieferung, bei der «Nackten» handele es sich um eine Venus oder auch eine Maja oder «Zigeunerin», kaum mehr zu halten. Ivan Nagel hat das klar ausgedrückt: «Ist die Bekleidete da, dann wird die Nackte zu einer ausgezogenen, entblößten Frau – einer Entkleideten.» (Nagel 1997, S. 33) Wir bewegen uns dann im Milieu der Prostituierten. Eine mythologische Verbrämung oder eine Verschiebung in ein sozial ferneres Milieu, das den Betrachter nicht betrifft, wäre so ausgeschlossen.

Abgesehen davon hat die «Nackte» etwas durchaus Dreistes an sich. Ihr Blick ist herausfordernd. So sehr die verschränkten Arme von ferne das antike Ariadne-Motiv zitieren, so bilden sie zugleich ein eckiges, geradezu aggressives Parallelogramm. Ihren Leib hat sie uns zugedreht und misst mit kühlem Blick unsere Reaktion. Unser Blick trifft, ob wir es wollen oder nicht, auf ihre Scham, denn diese ist exakt auf der senkrechten Mittelachse des Bildes platziert. Und die Scham ist – entgegen beinahe der gesamten Bildtradition von der Antike bis 1800 – behaart, es zieht sich gar ein zarter Flaum bis zum Bauchnabel. Das heißt, sie ist wirklich, gegenwärtig, und der Betrachter, bei dem zweifellos eher von einem männlichen auszugehen ist, ist mit dieser realen Existenz konfrontiert und dürfte sich bei der paradoxen Schamlosigkeit unbehaglich fühlen. Insofern gewinnt die «Nackte» so etwas wie Selbstbestimmung zurück. Baudelaire hat dies gespürt, als er angesichts einer Reproduktion den befreundeten Fotografen Nadar bat, ihm diese «bizarre Schweinerei» zu fotografieren. Für die Brüste der Maja hat er deren Strabismus konstatiert – und nach links und rechts «schielen» sie in der Tat (Baudelaire 1947, S. 310 f.). Das heißt, auch bei diesem Detail findet sich nicht der geläufige, den Schwerkräften widersprechende klassische Idealismus der Form, sondern eine deutliche Abweichung davon, die den Eindruck von Gegenwärtigkeit noch verstärkt.

Die «Bekleidete», bei der die Polster der Bettstatt ein wenig reduziert sind, ist nicht weniger schamlos. Denn da sie ihr Gewand zwischen die Beine gestopft hat, zeichnet sich auch hier die Scham deutlich ab. Das mag eine Männerphantasie in Gang setzen. Sie wird allerdings sofort durchkreuzt, wenn man die Existenz der «Nackten Maja» realisiert. Die Illusion weicht der Konfrontation, die die Möglichkeit einer Verfügung aufhebt.

7 Die Bilder zum 2. und 3. Mai 1808

Ende 1807 zogen Napoleons Truppen unter General Murat in Spanien ein und wurden zu Beginn allerorten begrüßt. Weite Bevölkerungskreise erhofften sich, Napoleon werde mit der ungeliebten Regierung Godoys ein Ende machen und Ferdinand VII. als Thronfolger installieren. Doch die Franzosen machten sich durch ausgeprägte Brutalität und Plünderungen schnell unbeliebt. Die aufgeklärten *afrancesados*, denen Goya nahestand, sahen dagegen die Chance, mit den Franzosen gegen Hof und Kirche liberale Reformen durchsetzen zu können. Murat jedoch besetzte mit seinen Truppen gegen den ausdrücklichen Befehl

Napoleons Madrid. Daraufhin ließ Napoleon die königliche Familie und Manuel Godoy nach Bayonne kommen. Als sich auch das letzte Mitglied der Königsfamilie auf den Weg nach Bayonne machte, verfestigte sich in der Bevölkerung der Eindruck, Napoleon beraube Spanien seiner Monarchie, und am 2. Mai 1808 brach ein Aufstand los, der von Altadel und Kirche geschürt wurde.

Dem waren komplizierte und schnell wechselnde politische Verschiebungen vorangegangen. Als die Franzosen in Spanien einmarschierten, veranlasste Godoy, der noch im Oktober 1807 im Frieden von Fontainebleau die spanisch-französische Allianz neu geregelt hatte, die königliche Familie, nach Aranjuez zu gehen, um den Franzosen auszuweichen. Palastdiener und Bauern zettelten am 17. März 1808 die sogenannte Meuterei von Aranjuez an, sie stürmten Godoys Palast, und er entging nur knapp dem Lynchtod. Der König wurde gezwungen, Godoys Verhaftung zuzustimmen. Sie erfolgte zwei Tage später, Godoy musste als Generalissimus und Admiral, also als der wichtigste Kriegsherr Spaniens, abdanken. Der König selbst musste zugunsten seines Sohnes Ferdinand zurücktreten, auf den die Hoffnungen von Kirche, konservativem Altadel und vor allem den niederen Bevölkerungsschichten gerichtet waren.

Der Aufstand in Madrid vom 2. Mai 1808 wurde blutig niedergeschlagen, die gefangengesetzten Aufständischen am 3. Mai hingerichtet. Aufstand und Hinrichtung sind die beiden Bilder Goyas von 1814 gewidmet (Abb. 38 und 39). In der Zeit zwischen 1808 und 1814 vollzogen sich entscheidende Entwicklungen der spanischen Geschichte. Nach der Niederschlagung des Aufstands und der schnellen Abdankung Ferdinands am 5. Mai 1808 zog Napoleons Bruder Joseph am 20. Juli als König in Madrid ein. Er musste aufgrund der weiter bestehenden Unruhen und der Erfolge der spanischen Truppen bereits elf Tage später fliehen. Doch Napoleon schickte weitere Truppen, und am 5. November 1808 zogen die Franzosen wieder in Madrid ein, nachdem zuvor am 24. August Ferdinand erneut installiert worden war. Joseph Bonaparte wurde zum zweiten Mal König, bis Wellington am 21. Juni 1813 die Franzosen endgültig schlug.

Zuvor war es zum Zusammenbruch der regulären spanischen Armee gekommen, zugleich begann der eigentliche Guerillakrieg gegen die französischen Besatzer. Der Widerstand war extrem. Allein Saragossa leistete 64 Tage Widerstand, trotz Einkesselung und permanentem Beschuss. Die Stadt lag zu einem Gutteil in Trümmern, Goya sollte ihren Widerstand in den «Desastres» verewigen. 54 000 Tote als Folge der Kampfhandlungen sowie durch Hunger und Pest waren bis zur Einnahme der Stadt am 20. Februar 1809 zu beklagen.

Gegen alle Gewalt der Franzosen trafen sich am 24. September 1810 die Cortes, das Parlament, in Cádiz und proklamierten ihre Souveränität. Dabei handelte es sich um die Vertreter der nicht mehr oder noch nicht von Franzosen besetzten Provinzen Spaniens. Sie bildeten eine Ersatzregierung, organisierten den Widerstand, vor allem aber arbeiteten sie an einer Verfassung, die ihre schrittweise Umsetzung fand. So wurde bereits am 18. Oktober 1810 die Pressefreiheit wiederhergestellt. Damit war der Inquisition ihr wichtigstes Druckmittel, die Zensur, genommen. Nach langen Debatten, bei denen schon 1811 die gänzliche Abschaffung der Inquisition gefordert wurde, nahmen die Cortes im März 1812 eine neue Verfassung an, die in liberaler Form nach französischem Vorbild gehalten war. Sie ist ein Ruhmesblatt der spanischen Geschichte, und auch Goya fühlte sich ihr zeitlebens verpflichtet.

Man muss sich klar machen, dass dies zu einem Zeitpunkt geschah, als Madrid von einer fürchterlichen Hungersnot heimgesucht wurde, 20 000 Madrilenen starben allein zwischen September 1811 und August 1812 an Hunger und Krankheit. Auch diese Hungersnöte und ihre Auswirkungen sind Thema von Goyas «Desastres» geworden – er konnte in Madrid kaum daran vorbeischauen. Bei den Debatten über die Inquisition ging es nicht gegen die Kirche per se, sondern um den Erhalt des Katholizismus. Doch schien die Existenz der Inquisition mit der Verfassung unvereinbar, und so kam es am 22. Februar 1813 zu ihrer Abschaffung. Im April erfolgte eine liberale Wirtschaftsreform, am 8. Juni 1813 schloss sich eine Reform der Landwirtschaft an. Wenige Tage danach schlug Wellington – wie schon erwähnt – die Franzosen endgültig, die nach Napoleons Russlandfeldzug 1812 und durch die europäischen Erhebungen 1813 bereits stark geschwächt waren. Doch auch den Engländern und Wellington in Sonderheit war die Verfassung von Cádiz zu liberal. Wellington setzte den Freiheitsdrang der Spanier mit dem französischen Jakobinismus gleich. Und so arbeitete er an der Wiedereinsetzung Ferdinands.

Am 24. Februar 1814 stellte Goya beim Regentschaftsrat den Antrag, er habe den glühenden Wunsch, die ruhmreichen Ereignisse des Aufstands der Spanier gegen den Tyrannen Europas vom 2. und 3. Mai 1808 in zwei Bildern zu verewigen. Es ist nicht ganz klar, ob dies nicht eher eine Antwort auf einen zuvor ergangenen Auftrag war. Goya erhielt am 9. März die Zusage und finanzielle Unterstützung für sein Unterfangen. Am 24. März betrat Ferdinand wieder spanischen Boden. Insgeheim bereitete er in Valencia die Aufhebung der Cortes und der Konstitution vor, mit Unterstützung von Kirche und Altadel. Am 13. Mai zog er in Madrid ein. Man hat angenommen, Goyas riesige Bilder, jeweils 2,66 x 3,45 m groß, seien zu diesem Zeitpunkt bereits fertig gewesen – er hätte dann gerade einmal einen Monat daran gearbeitet. Ferner hat man vermutet, sie seien zum triumphalen Einzug Ferdinands gemalt und möglicherweise als Vorder- und Rückseite eines ephemeren Triumphbogens genutzt worden. Belege dafür gibt es nicht, vielmehr hat die neuere Forschung deutlich gemacht, dass die Bilder von vornherein für den Königspalast gedacht waren und dass sich außerdem die Entstehungszeit wohl bis Oktober oder November hingezogen hat. Kaum wieder im Amt, schaffte Ferdinand in der Tat die Konstitution wieder ab, und alle, die im königlichen Dienst standen, wurden überprüft. Die Vertreter der Cortes dagegen wurden mit allen Mitteln verfolgt. Goya blieb bei der Säuberung verblüffenderweise ungeschoren – trotz seiner malerischen Verherrlichung der Konstitution – und wurde am 21. Mai 1814 offiziell entlastet. Am 8. Juli nahm er an einem Akademietreffen in Anwesenheit Ferdinands teil.

Am 21. Juli 1814 kam es zur Wiedereinsetzung der Inquisition per Dekret, erneut griff die Zensur. Goya wurde wegen der vermeintlich unzüchtigen Maja-Bilder vor das Tribunal der Inquisition geladen, doch am 16. März 1815 konnte er erneut entlastet werden – was in diesem Falle noch verblüffender ist, da die «Nackte» und die «Bekleidete Maja» schließlich im Besitz Godoys waren, des verhassten Feindes von Ferdinand. Allerdings muss man sagen, dass Goyas doppelte Entlastung nicht dazu führte, dass er als Hofmaler regelmäßig mit Aufträgen versehen wurde. Ferdinand dürfte ihm mehr als skeptisch gegenübergestanden haben, auch weil der König in der Kunst einen staatsoffiziellen Klassizismus vertrat, gegenüber dem schon Goyas freier Stil als oppositionell erscheinen musste. Dennoch gelang es Goya, sich seine Pension als königlicher Hofmaler bis zum Ende seines Lebens zu sichern. Sein Verhalten mag durchaus opportunistische Züge besessen haben: In kürzester Zeit arbeitete er nacheinander für liberale Franzosenfreunde, für die Franzosen selbst, für Ferdinand, dann für Wellington und wieder für Ferdinand – und radierte parallel dazu die «Desastres», die zu Recht als eine große Anklage gegen Krieg und Gewalt gelesen werden.

Wie nun sind vor dieser Folie, die wir bewusst in einigem Detail entfaltet haben, die beiden Bilder zu den Ereignissen am 2. und 3. Mai 1808 einzuschätzen? Die Forschung tut sich schwer damit. Konsens scheint es über den in weiterem Sinne humanistischen Gehalt der Gemälde zu geben, doch sollte man sich mit einer derartigen Verallgemeinerung nicht zufrieden geben. Sind die Bilder Ergebenheitsadressen? Feiert Goya wirklich den heroischen Aufstand? Wie wir sehen werden, kann man eine Antwort darauf nicht allein über die gegenständlich-historische Zuordnung gewinnen, so wichtig es ist, sich die Zusammenhänge zu verdeutlichen.

Allerdings scheint es notwendig, darauf hinzuweisen, dass sofort nach den Mai-Ereignissen ein Theaterstück von Francisco de Paula Martí mit dem Titel «El día Dos de Mayo de 1808 en Madrid» als Feier der spanischen Freiheitskämpfer aufgeführt wurde, das ausdrücklich gegen Napoleon, den fremden Tyrannen, gerichtet war. Es wurde von dem berühmten Schauspieler Isidoro Máiquez mit großem Erfolg auf die Bühne gebracht und wurde vom 9. bis zum 18. Juli 1808 täglich aufgeführt. Das endete logischerweise abrupt, als Joseph Bonaparte am 20. Juli in Madrid einzog, Máiquez kam ins Gefängnis und wurde wahnsinnig. Goya hatte den Schauspieler 1807 porträtiert, war also mit ihm vertraut. Für Goya dürfte das Theaterstück eine der zentralen Quellen gewesen sein. Doch gehen seine Gemälde in der Feier der Freiheitskrieger auf? Unsere These ist, dass die Bilder aus bestimmten Gründen, bei denen sich Historisches und Ästhetisches verschränken, zur Apotheose nicht mehr taugten. Ferdinand hat dies offensichtlich gespürt. Gleich nach Ablieferung verschwanden die Bilder für Jahrzehnte in den Kellern des Prado.

Das erste Bild trägt den Titel «Der Kampf der Mamelucken an der Puerta del Sol (2. Mai 1808)». Es zeigt den blutigen Widerstand der Madrider Bevölkerung – die in dieser Frühphase allein von den unteren Volksklassen verkörpert wurde – gegen General Murats berittene Soldaten, einen Ausbruch hemmungsloser Gewalt auf beiden Seiten. Da wird geschossen, geschlagen, gestochen nach allem, was sich bewegt. So gut wie keiner der bewaffnet Kämpfenden, der nicht zugleich von einer fremden Waffe bedroht würde. Eine Ordnung ist schwer auszumachen, von einem überlegten, kontrollierten Angriff zeigt das Bild nichts. Sofern sie es noch vermögen, scheinen die Mamelucken, Murats Reiter, nach rechts aus dem Bild zu sprengen. Im eigentlichen Kampfstreifen, im Bildvordergrund, versucht man, die Reiter von ihren Pferden zu zerren. Selbst wenn an zentraler Stelle ein Mameluck hingeschlachtet und zugleich sein Pferd abgestochen wird, selbst wenn die berittenen französischen Krieger sich eher zur Flucht wenden – schließlich blicken sie alle zurück –, ein Siegesbild der Spanier ist dies nicht wirklich. Der Wahn leuchtet gleichermaßen aus den Gesichtern der spanischen Widerstandskämpfer im Zentrum des Bildvordergrundes wie aus den Gesichtern der Mamelucken. Leichen gibt es auf beiden Seiten, Hierarchien existieren nicht mehr. Und deswegen gibt es auch keinen eigentlichen Helden, auf den das Geschehen ausgerichtet wäre und der im Bild gefeiert würde. Im absoluten Bildzentrum befindet sich die leuchtend rote Hose eines vom

Pferd gestürzten Mamelucken, dessen herabhängender Oberkörper blutig zerstochen ist. Säße der Mameluck noch im Sattel, so wäre er die bildbeherrschende Figur. Sein riesiges Pferd, ein Falbe oder Apfelschimmel, steht auf den Hinterbeinen in der klassischen Pose der Levade, die dem Reiterporträt des Herrschers zukommt. Goya hat sie oft verwendet, zuletzt 1812 für Wellington. Hier aber ist die Pose in ihr Gegenteil verkehrt: Der Reiter stürzt ins Nichts, das Pferd wird abgestochen.

Aus der Tiefe von links hinten nach rechts vorne lässt sich ein Bewegungsschub ausmachen, doch folgt er keiner logischen Perspektive. Zudem entspricht die Platzanlage nicht den realen Gegebenheiten an der Puerta del Sol. Neuerlich hat man gar Zweifel angemeldet, ob das bei Goya geschilderte Ereignis sich überhaupt an der Puerta del Sol zugetragen hat. Die Architektur dient auf geradezu abstrakte Weise der Auslösung des Bewegungsimpulses. Damit verweigert das Bild den Dokumentcharakter, den die populäre Graphik zu dem Ereignis zu vermitteln sucht. Da auch die Anatomie der Personen nicht klassischen Regeln folgt, sondern vor allem der Eindrücklichkeit des Gezeigten dient, ist primäres Thema des Bildes das Kämpfen, Stürzen, Sterben als solches, als Ausdruck gänzlich chaotischer, aus der Ordnung geratener Verhältnisse.

Das zweite Gemälde, «Die Erschießung der Aufständischen (3. Mai 1808)», ist sicher das komplexere, auch konzentriertere. Ein Erschießungskommando französischer Infanteristen hat auf eine Gruppe kniender spanischer Aufständischer angelegt. In deren Zentrum kniet ein derber Kerl, der mit leuchtend weißem Hemd und gelber Hose hervorsticht und mit weit ausgebreiteten Armen und panisch aufgerissenen Augen auf die Schergen schaut. Vor ihm ein grellroter Strom von Blut, davor und darin Leichen. Um den Aufbegehrenden herum eine Fülle verkrampfter weiterer Opfer, weder räumlich zu verorten noch anatomisch überzeugend, aber wieder entsetzlich eindringlich in der Sekunde vor den tödlichen Schüssen. Vor den aufgereihten Schergen – deren Gesichter bezeichnenderweise nicht zu sehen sind, womit sie eine anonyme Maschinerie verkörpern – erleuchtet eine riesige würfelförmige Lampe die nächtliche Hinrichtungsszene.

Links erhebt sich ein lehmfarbiger tiefenloser Hügel, rechts im Hintergrund ein ferner Konvent, von dem aus die weiteren Opfer herantrotten, dem unausweichlichen Tod entgegen.

Die extreme Wirkung des Bildes besteht unter anderem darin, dass der Betrachter sich unweigerlich auf Seiten der Henker befindet. Wir als nicht Betroffene sind so notwendigerweise mitschuldig, Ausführungsgehilfen des Entsetzlichen. In gewisser Hinsicht verweigert sich Goyas Bild ästhetischer Befriedigung, sowohl in gegenständlicher wie in künstlerischer Hinsicht. Es stellt nicht nur Brutales dar, sondern ist auch brutal gemalt. Wenn man einmal im Prado das Gesicht der vorderen, in einer Blutlache liegenden Leiche gesehen hat, weiß man, was gemeint ist. Es ist ein zerfetztes, zerrissenes Gesicht, aus dem sich alle menschlichen Züge verloren haben. Und es ist mit ungeglätteten Pinselhieben gemalt. Die Leiber der Opfer sind nicht nur anatomisch verzerrt, sie haben kein überzeugendes Volumen, keine Rundung; die Körperhaftigkeit verflüchtigt sich, als sei sie durch die Ereignisse zerstört worden. Manches wie die Mutter-Kind-Gruppe am linken Rand im Schatten hinter der Hauptgruppe löst sich wie in einem Nebel auf – wo genau die Gruppe gedacht ist, ist nicht zu sagen. Der volumenlose Hügel scheint sie aufgesogen zu haben.

Auch bei diesem Bild bleibt die Örtlichkeit unklar. Neueren Forschungen zufolge fand die Hinrichtung vor der Puerta de la Vega statt, eine Vedute von Antonio Joli aus den 1750er Jahren vermag dies nahezulegen. Damit könnte auch der seltsame Lehmhügel auf der linken Seite seine Erklärung finden. Auch geht es in diesem Gemälde nicht wie in anderen Kriegsdarstellungen, etwa in Jacques Callots Goya wohlvertrauter Serie der «Misères de la guerre» von 1636, um die am Ende wieder herzustellende Ordnung, die der Krieg aufgehoben hatte, sondern um das Fortbestehen des Chaos und der Schrecklichkeiten. Sie sind nicht mehr ungeschehen zu machen, vielmehr dauerhafte Bedingungen menschlicher Existenz. Goyas Darstellungsweise erklärt sich offensichtlich aus den Erfahrungen der Gegenwart mit ihrer völligen politischen Relativität, der Aufhebung aller Werte, der Verkehrung aller Ordnung, dem überhaupt nicht mehr greif-

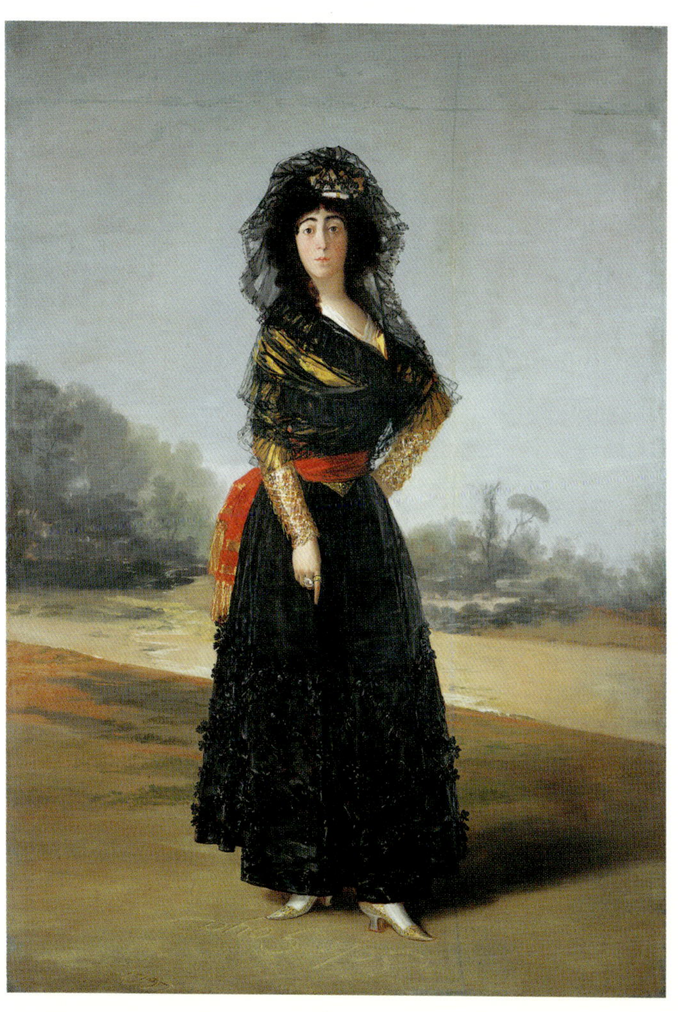

35 Goya, Die Herzogin von Alba, 1797, Öl auf Leinwand, 210,2 x 149,3 cm, New York, Hispanic Society

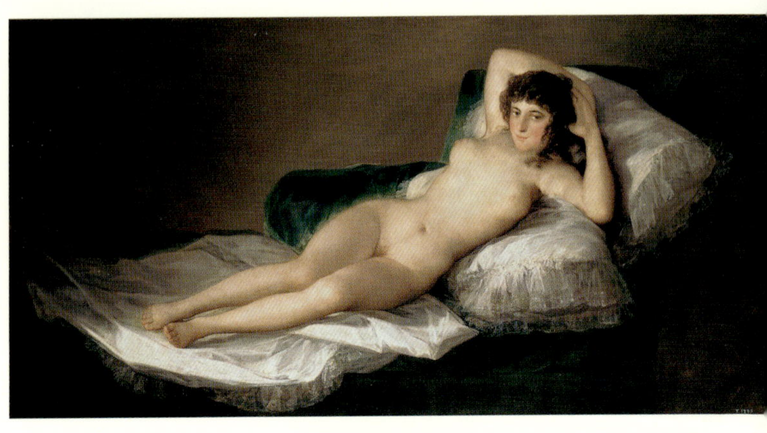

36 Goya, Die nackte Maya, ca. 1798–1800, Öl auf Leinwand, 97 x 190 cm, Madrid, Prado

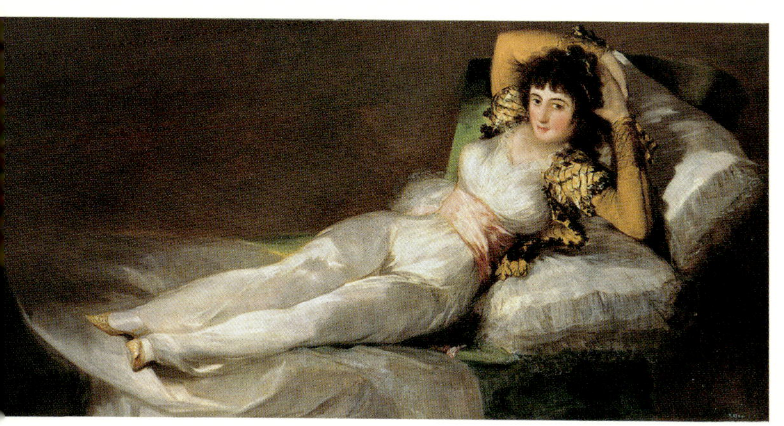

37 Goya, Die bekleidete Maja, ca. 1800–1805, Öl auf Leinwand, 97 x 190 cm, Madrid, Prado

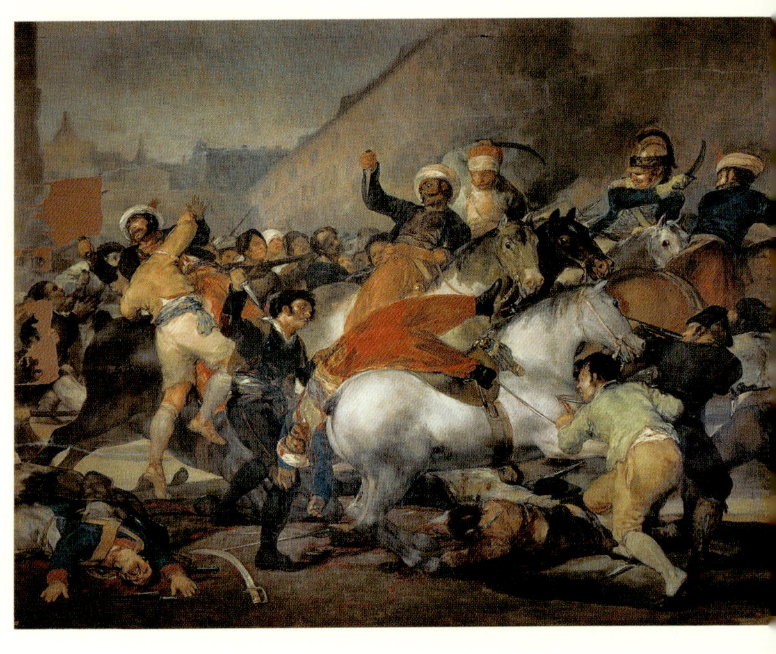

38 Goya, Der Kampf der Mamelucken an der Puerta del Sol (2. Mai 1808), 1814, Öl auf Leinwand, 266 x 345 cm, Madrid, Prado

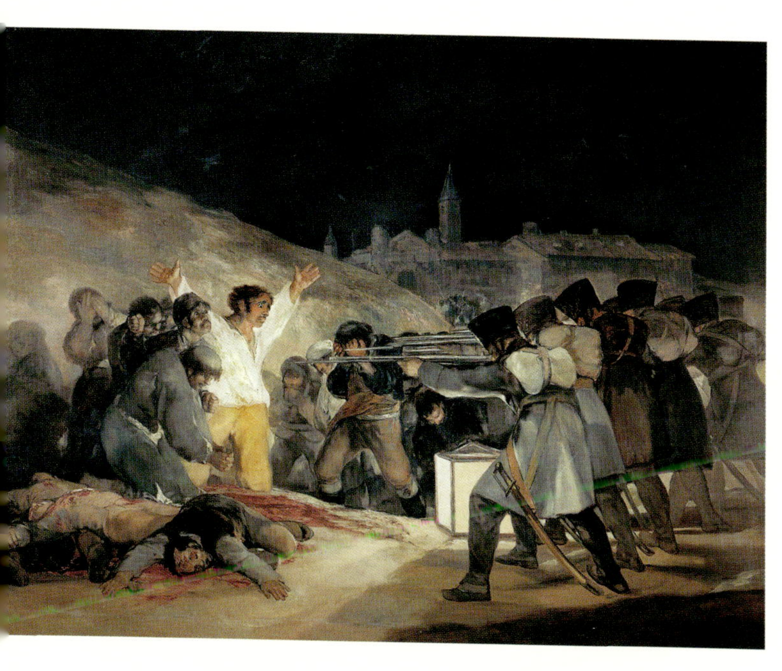

39 Goya, Die Erschießung der Aufständischen (3. Mai 1808), 1814, Öl auf Leinwand, 266 x 345 cm, Madrid, Prado

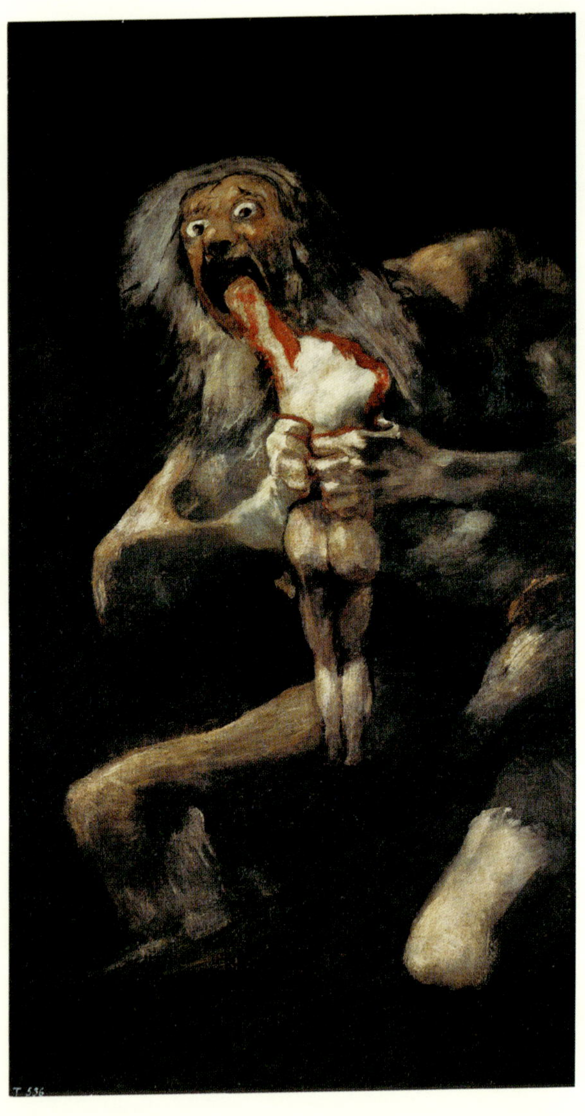

40 Goya, Saturn, 1820–1823, Öl auf Putz, auf Leinwand übertragen, 146 x 83 cm, Madrid, Prado

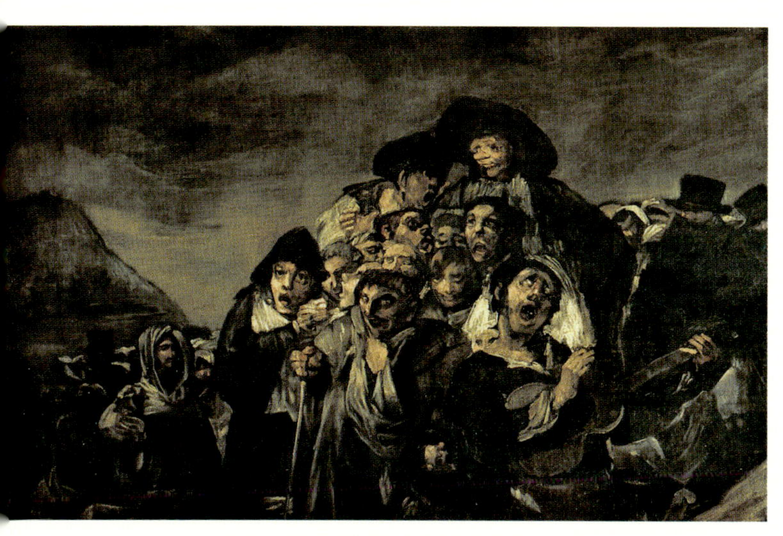

41 Goya, Die Vision der Pilger von San Isidoro (Ausschnitt), 1820–1823, Öl auf Putz, auf Leinwand übertragen, 140 x 438 cm, Madrid, Prado

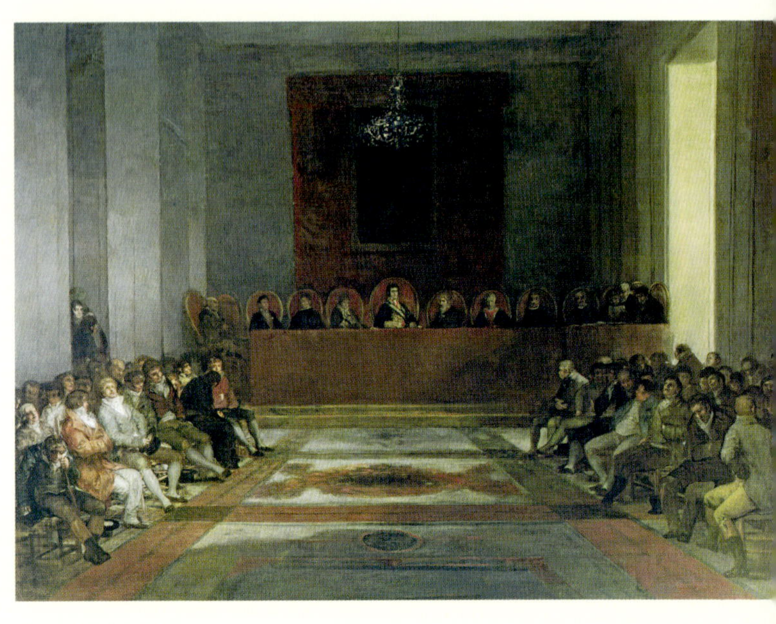

42 Goya, Die Kompanie der Philippinen, 1815, Öl auf Leinwand, 327 x 417 cm, Castres, Musée Goya

baren Sinn politischen, religiösen und sozialen Handelns, mit einschneidenden Konsequenzen für die eigene hochgradig verunsicherte Existenz. Wenn die Welt aus den Fugen ist, wie ist da noch die geläufige Ordnung im Bilde aufrechtzuerhalten? Wenn die Bezüge unter den Menschen unklar geworden sind, wie soll da Handlung im Bilde noch anschaulich werden? Können Bilder überhaupt noch traditionelle Funktionen übernehmen? Lügen sie, wenn sie positive Aussagen machen, nicht automatisch und werden zu Propaganda?

Goyas Gemälde sind Historienbilder und unterlaufen zugleich die Definition der Gattung. Würde man annehmen, die Bilder hätten tatsächlich als Dekoration eines Triumphbogens gedient, so bräuchte man sie nur mit einem klassischen Paradigma der Gattung, Rubens' Triumphbögen zum Einzug eines anderen Ferdinand, des Kardinal-Infanten von Spanien, in Antwerpen 1635, zu vergleichen, und die Differenz spränge ins Auge. Dieser Ferdinand, der Sieger in der Schlacht bei Nördlingen, ist als Herrscher zu Pferde in der Levade dargestellt, die eigentliche Schlacht ist bloße Hintergrundfolie. Mit dem kompletten Apparat klassischer Kunst wird er als Triumphator gezeigt. Es wäre Rubens und seiner Zeit nicht in den Sinn gekommen, diese auf universalen Anspruch und göttliche Rechtfertigung zielende Darstellung eines historischen Ereignisses für unangemessen zu halten oder die Schlacht gar aus der Perspektive der Opfer zu sehen. Individuelles Schicksal und existenzielle Erfahrungen sind ausgeblendet. Sie dagegen sind Goyas Thema.

Allerdings wäre bei Goyas «Erschießung der Aufständischen» auch eine andere gattungsmäßige Zuordnung denkbar, ja, naheliegend, nämlich zum Märtyrerbild. Seit der Gegenreformation zeigen Märtyrerbilder Blut, Leichen und Verstümmelung. Eindringlichkeit ist Programm. Doch grundsätzlich wird auch die bevorstehende Erlösung des Märtyrers vorgeführt: Entweder spiegelt sich die Verklärung bereits im Gesicht des Opfers, oder ein Heilszeichen erscheint, die Märtyrerpalme wird durch einen Engel gereicht. Nur so bekommt der Tod seinen Sinn und kann der Märtyrer als Vorbild dienen. Gleichsam in der Gewissheit eines zukünftigen Lebens bleibt auch der verstümmelte oder tote Märtyrer letztlich in schöner Körperlichkeit erhalten. Sein Körper löst sich nicht wie bei Goya in formlose Farbmaterie auf. Doch angesichts einer solchen Entmenschlichung mittels kruder Malerei kann sich ein Erlösungsgedanke nicht mehr einstellen.

Schon vor langer Zeit hat man mit einigem Grund angenommen, dass das zentrale, hell erleuchtete Opfer mit den weit ausgebreiteten Armen Wundmale an den Händen trägt. Seine Pose hat man verstanden entweder als die des sterbenden Christus am Kreuz, vor allem wegen der Wundmale, oder als die des zu Gott flehenden Christus am Ölberg im Garten Gethsemane, vor allem aufgrund des Kniemotivs. Goyas Figuration wäre dann aus der Überblendung zweier Passionsszenen entstanden. Das hat nun allerdings wenig Wahrscheinlichkeit. Die Erklärung scheint einfacher, denn Wundmale und Kniemotiv finden auch in der christlichen Tradition zusammen. Entweder hat Goya Dürers sogenannte Kleine Kupferstichpassion gekannt, in der nämlich in der Ölbergszene Christus bereits die Wundmale an den Händen trägt, als Vorausdeutung auf die von ihm trotz seiner Klage zu Gott letztlich akzeptierte Passion. Oder, noch wahrscheinlicher in Spanien, Goya kannte Szenen der Stigmatisierung des heiligen Franziskus. In der Bildtradition ist das Kniemotiv für Franziskus verbindlich, im Sinne einer Imitatio Christi, denn auch Franziskus nimmt das Martyrium an. Dass eine derartige Figuration für Goya vorbildhaft gewesen sein kann, scheint außer Frage zu stehen.

Im Übrigen gehört zur Darstellung der Gefangennahme Christi, die in Passionszyklen auf die Ölbergszene folgt, eine große Tragelampe im Vordergrund, die die nächtliche Szene erleuchtet. Goya dürfte in seinem Erschießungsbild auch darauf bewusst angespielt haben. Es ist auch denkbar, dass er die Idee zur Adaption dieses szenischen Motivs durch Hogarths «Cruelty in Perfection», die dritte Szene aus den «Stufen der Grausamkeit» von 1751, erhielt, schließlich hatte er die erste Szene dieses Grausamkeitszyklus schon bei seinen «Caprichos» benutzt. Und Hogarth geht ihm auch darin voran, dass er das komplette christliche Schema der Ölbergszene in gänzlich unchristlichen, auf die gegenwärtigen Verhältnisse bezogenen Zusammenhängen nutzt. In beiden Fällen, bei Hogarth wie bei Goya, wird eine Spannung aufgemacht zwischen dem geheiligten christlichen Paradigma und seiner Anwendung in unheiliger Gegenwart. Auch dies ist nicht wirklich blasphemisch gedacht, vielmehr handelt es sich um eine Analyse bestehender Verhältnisse. Goya allerdings scheint stärker als Hogarth mit der Ambivalenz der Motivik zu spielen. Lesen wir das hell erleuchtete Opfer – das im Übrigen in die Farben des Katholizismus, gelb und weiß, gekleidet ist – als Märtyrer für die spanische Freiheit, dann könnte die Verwendung der christlichen Würdeformel als angemessen erscheinen. Realisieren wir aber, was aus dem Verzweifelten wird, ein zerfetzter, ausgelöschter Leib, so ist jede Vorstellung eines denkbaren sinnvollen Opfers ausgeschlossen. Das Motiv changiert vor unseren Augen, und wir haben zu entscheiden, welche Dimension der Darstellung für uns dominant ist.

Der Zweifel am christlichen Verständnis des Opfers wird primär durch die Malweise und die Körper- und Raumwiedergabe ausgelöst. Es spricht manches dafür, dass die Negierung klassischer Körper- und Raumauffassung Goya durch die populäre Graphik vermittelt wurde, auf die er auch schon bei den «Caprichos» vielfach zurückgegriffen hat. Ja, man könnte annehmen, dass ihm eine bestimmte Graphik aus der volkstümlichen Tradition die Anregung gegeben hat. Im Gefolge Wellingtons befand sich seit 1808 ein Kriegsmaler, Robert K. Porter, der in ausgesprochen grobschlächtiger Manier Propagandagraphik gegen Napoleon produzierte. Über Wellington kam zudem eine Menge englischer Graphik nach Spanien, doch Goya kannte bereits die graphische Sammlung von Martínez in Cádiz, die unter anderem auf englische Karikatur spezialisiert war. Auf beiden Wegen dürfte Goya von Porters Blättern Kenntnis erhalten haben. Porters Radierung «Bonaparte massakriert 3800 Mann in Jaffa» von 1803 dürfte zu den direkten Vorbildern Goyas gehören (Abb. 43). Französische Soldaten unter Napoleons Führung legen auf wehrlose gefesselte Orientalen an. Ähnlich wie bei Goya stoßen die exekutierenden Soldaten und ihre Opfer unmit-

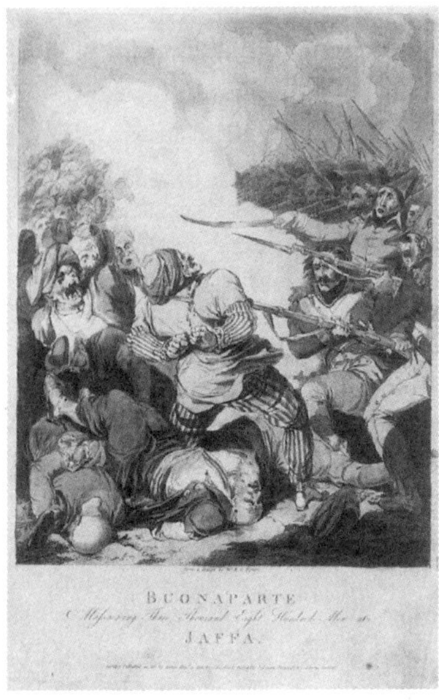

43 Robert K. Porter, Bonaparte massakriert 3800 Mann in Jaffa, 1803, Radierung, 44,1 x 28,8 cm, Berlin, Privatbesitz

telbar aufeinander. Und ebenfalls wie bei Goya sprechen die Körper der Opfer in ihrer Verdrehung anatomischen Vorstellungen Hohn, der Raum ist nicht messbar – und doch ist die Szene höchst eindrücklich, das Schicksal der Opfer auch für den Betrachter im Wortsinn unausweichlich. Zuspitzung, Übertreibung, Verkürzung oder Verzerrung dienen der Steigerung der Wirkmacht des Gezeigten – das ist letztlich bei Goya nicht anders.

Allerdings mischt Goya durch die Unterlegung der Szene mit einem christlich-ikonographischen Schema «high and low» und lässt daraus eine neue Bildersprache entstehen, die akademischen Anforderungen nicht mehr gerecht wird, ihre Traditionen jedoch genau kennt. Seine Bildersprache entspricht der Gegenwartserfahrung und gewinnt eine neue Überzeugungskraft. Sie macht betroffen, so dass der Betrachter sich kaum entziehen kann. In besonderem Maße gilt dies auch für die «Desastres».

8 «Los Desastres de la Guerra»

Der Titel der Serie stammt nicht von Goya. 1863, lange nach seinem Tod, gab die Academia de San Fernando die 80 Blatt umfassende Erstausgabe der Serie unter dem bis heute gültigen Titel heraus. Er dürfte in Parallele zu Callots «Misères de la guerre» gebildet sein. Aus bestimmten Gründen hielt es Goya für nicht opportun, die Folge der Blätter zu Lebzeiten zu publizieren. Allerdings stellte er ein gebundenes Exemplar mit 85 Blatt für seinen Freund Augustín Ceán Bermúdez zusammen, wohl Anfang 1823. Diese Zusammenstellung versah er handschriftlich mit Titeln unter einem jeden Blatt und einem ausführlichen Gesamttitel: «Fatales consequencias de la sangrienta guerra en España con Bonaparte y otros caprichos enfaticos» («Verhängnisvolle Folgen des blutigen Krieges in Spanien gegen Bonaparte und andere ergreifende Caprichos»). Auf dem Rücken des Einbandes in Goldfarbe gedruckt stand allerdings nur das Wort «Capricho».

Das lässt verschiedene Überlegungen zu. Zum einen dürfte die Verwendung des Begriffes «Capricho» in seiner Wortbedeutung von Laune, Phantasiestück – wie schon bei der Capricho-Serie von 1799 – Schutzfunktion gehabt haben: eine Vorsichtsmaßnahme, als wären die Blätter allein der Phantasie des Künstlers entsprungen und nicht das Resultat von Gegenwartserfahrungen mit Wahrheitsanspruch. Zum anderen lernen wir aus dem Titel, dass die Serie aus zwei Teilen besteht, einem ersten, der sich mit dem Krieg gegen Napoleon beschäftigt, und einem zweiten, der, so lässt sich schon aus der Formulierung schließen, der Phantasie noch mehr Raum gibt und über die Funktion hinausgeht, Kommentar zu den Verhältnissen zu sein. Und schließlich: Liest man den Goya'schen Titel genau, beziehen sich die fatalen Konsequenzen des Krieges nicht allein auf Napoleon als Auslöser des Unheils, sondern auf beide oder besser alle Seiten des Konflikts. Es ist wie beim «2. Mai», der Krieg ist ein Krieg aller gegen alle, mit Entartungen auf Seiten der Angreifer wie der Angegriffenen, bei dem die Grausamkeit, die Unmenschlichkeit sich verselbständigt und sämtliche Protagonisten ergreift.

Offensichtlich ist die Serie in zwei Phasen entstanden, die erste Gruppe von Desastre Nr. 2 bis Nr. 64 weitestgehend zwischen 1810 und 1814. Mit der Rückkehr Ferdinands dürfte eine Veröffentlichung der bisher gefertigten Druckplatten unmöglich geworden sein. Die Entstehungsumstände des ersten Teils lassen sich noch spezifizieren. Anlass zu der Serie dürfte die Belagerung von Saragossa gewesen sein. Der heroische Widerstand der Belagerten unter General Palafox war zunächst ungebrochen und erfolgreich. Die Belagerung durch die Franzosen hatte am 15. Juli 1808 begonnen. Trotz der Zerstörung eines Teils der Stadt durch Dauerbeschuss und verheerenden Verlusten der Belagerten mussten sich die Franzosen nach einer Reihe von Wochen zurückziehen. General Palafox, allerorten als Held gefeiert, schien zu triumphieren. In den ersten Oktobertagen forderte Palafox Goya auf, nach Saragossa zu kommen, Stadt und Ruinen zur Kenntnis zu nehmen und die glorreichen Taten der Einwohner zu malen, wie Goya in einem Brief vom 4. Oktober schreibt. Goya brach sofort auf, machte in Saragossa auch Zeichnungen, doch musste er sein Projekt im November abbrechen, denn Napoleons Truppen näherten sich erneut und besetzten die geplagte Stadt im Dezember endgültig. Goya wich nach Fuendetodos in der Provinz Saragossa aus, es war sein Geburtsort. Offenbar war er erst Anfang des darauffolgenden Jahres wieder in Madrid. Vorerst dürfte er das Projekt Saragossa nicht weiterverfolgt haben.

Es spricht manches dafür, dass die Einberufung der Cortes in Cádiz 1810, die Formierung der Opposition, auch die Deklarierung der Pressefreiheit Goya den Mut und den Antrieb gaben, die kriegerischen Auseinandersetzungen erneut in Graphiken umzusetzen. Im weitesten Sinne auf Saragossa beziehen sich die Blätter 2–47. Dazu gehört auch das einzige auf eine bestimmte Person bezogene Blatt der Serie, Nr. 7 mit dem Titel «Welcher

Mut». Es zeigt die geradezu mythische Heroine Augustina de Aragon, die auf den Leichen der gefallenen Artilleriesoldaten steht, beim Abfeuern einer Kanone. In der Tat ist das Eingreifen von Frauen während der französischen Juli-Attacken des Jahres 1808 überliefert.

Die Blätter 48–64 dagegen sind offensichtlich durch die Hungersnöte in Madrid 1811/12 ausgelöst. Nachdem Ferdinands Rückkehr 1814 der Vollendung der Serie ein Ende gesetzt zu haben scheint, brauchte es für Goya wieder einen Anlass, der wenigstens gewisse Hoffnungen auf eine liberale Zukunft wecken konnte, um noch einmal die Arbeit an der Serie aufzunehmen. Nach kleineren, nicht erfolgreichen Aufständen 1817 und 1819 zwang General Rafael del Riegos Revolte vom 1. Januar 1820 Ferdinand VII., wie wir gehört haben, die Verfassung von Cádiz anzuerkennen. Die nun folgende liberale Phase hatte bis 1823 Bestand. Dann marschierten, veranlasst von Ferdinand VII., erneut französische Truppen in Spanien ein, nun allerdings, um die Monarchie zu stützen. Wieder wurde die Konstitution außer Kraft gesetzt, Riego eingekerkert, und eine erneute Liberalenhatz setzte ein, die zur Emigration eines weiteren Teils von Goyas liberalen Freunden führte. Und wiederum war es nichts mit der Publikation der inzwischen um die «caprichos enfáticos» ergänzten «Desastres». Goya hatte einen Teil dieser Blätter allegorisch aufgeladen, um seinen verzweifelten Hoffnungen inmitten des Unheils Ausdruck zu geben. Mal ist die Hoffnung nur gering, die Bedrohung der Freiheit immer gegenwärtig, mal ist sie größer, und einmal kann er gar an Frieden denken. In der Phase von 1820 bis 1823 entstand auch das Titelblatt als Ausdruck von Schrecken und Furcht, es könnte alles vergeblich gewesen sein.

Dieses sei mit wenigen anderen Blättern der Serie betrachtet, wobei wie bei den «Caprichos» Wert auch auf die Verarbeitung und Transformation der Kunsttradition gelegt werden soll. Das Titelblatt, das wie auch andere Blätter der Serie durch eine Rötelzeichnung vorbereitet wurde, zeigt frontal und zentral angeordnet einen Knienden mit ausgebreiteten Armen, ein Motiv, das vor allem das hilflose Hinnehmen des Unausweichlichen anzeigen soll (Abb. 44). Die Augen des Verzweifelten sind angstvoll him-

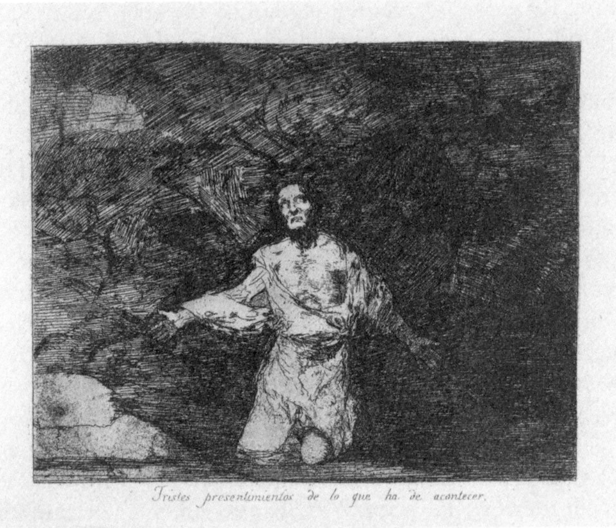

melwärts gedreht. Doch statt eines Himmels erscheint ein wirres, aus groben Radierlinien bestehendes Dunkel, in dem sich schwach riesige, bedrängende Fratzen abzeichnen, die der Bedrängte voller Furcht zu imaginieren scheint. Der Titel des Blattes lautet: «Traurige Vorahnungen dessen, was da kommen wird».

Die Pose ist wieder die des Christus am Ölberg. Goya verwendet sie mehrfach, nicht nur beim «3. Mai», sondern auch in ihrer ursprünglichen religiösen Bestimmung: 1819 malte er wie erwähnt für die Escuelas Pías in Madrid den knienden, himmelwärts schauenden Christus am Ölberg (Abb. 3), wo in einem Heilsstrahl ein Engel mit dem Kelch erscheint, den Christus demutsvoll akzeptiert. Doch im Zeichnungsalbum C, entstanden von etwa 1812 bis 1814 – also noch in der Phase, als die neue Konstitution Geltung hatte, die Reformen zu greifen schienen und Hoffnung nicht abwegig schien –, zeichnete Goya ein Blatt, das er «Divina Libertad» beschriftet hat (Abb. 45). Hier ist offensichtlich ein liberaler Schreiber gezeigt, der die göttlichen Strahlen der Freiheit mit begeistertem Gesichtsausdruck begrüßt,

linke Seite:
44 Goya, Traurige Vorahnungen dessen, was da kommen wird, Desastres 1, 1820–1823, Radierung, 17,5 x 22 cm, München, Staatliche Graphische Sammlung

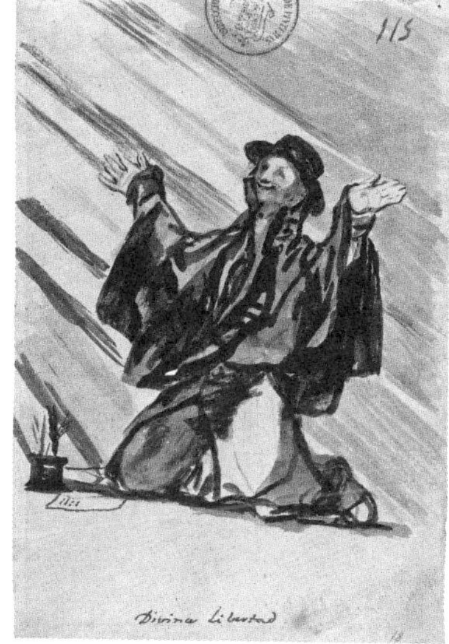

45 Goya, Göttliche Freiheit, Album C. 115, 1812–1814, Tusche und Sepia, 20,6 x 14,4 cm, Madrid, Prado

und zwar wieder in der Pose des Christus in Gethsemane. Doch in diesem Falle ist die Inversion des christlichen Vorbildes eindeutig. Statt des Kelches mit dem bitteren Opfertrank findet sich ein Tintenfass mit Federn und Papier. Jetzt, erst jetzt, wird der Begeisterte für die Freiheit schreiben können. Das Hin und Her zwischen Hoffnung und Verzweiflung kennzeichnet Goyas gesamtes Œuvre. Gegen Ende seines Lebens scheint ihm der Wahn der Verhältnisse zum Normalzustand geworden zu sein. Seinen Niederschlag sollte dies in den sogenannten Schwarzen Bildern finden.

Das erste Blatt nach dem Titelblatt, Desastre 2, ist betitelt «Weder richtig noch falsch», das folgende Blatt «Ebenso» (Abb. 46) – das gibt den Ton für alles Folgende vor. Es ist nicht mehr zu sagen, wer im Recht ist, selbst die, die Recht haben wie die spanischen Kämpfer der Zivilbevölkerung im Kampf gegen die Franzosen, setzen sich ins Unrecht. Auf Blatt 3 überwältigen Aufständische französische Soldaten mit allem, was sie haben. Einer arbeitet mit einem Messer, ein anderer mit wilden Beilhieben, ein dritter, halb verdeckt, nutzt gar seine Zähne.

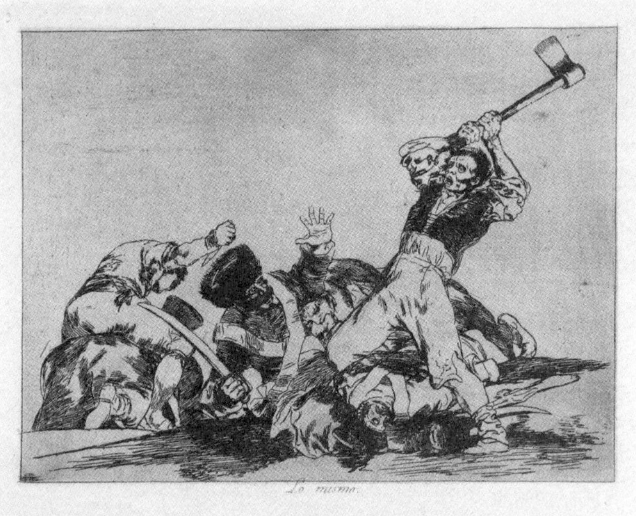

46 Goya, Ebenso [Weder richtig noch falsch], Desastres 3, 1810–1814, Radierung, 16 x 22,1 cm, New York, Metropolitan Museum of Art

Der alte Satz, dass Kunst von Kunst kommt, was nichts anderes meint, als dass sie nicht ohne Vorbilder auskommt, gilt auch hier, so sehr das Szenische der Wirklichkeit entnommen zu sein scheint. In der Geschichte der Kunst gibt es nur wenige dem Krieg gewidmete Serien. Von Callots «Misères de la guerre» haben wir schon gesprochen. Aus dem Callot-Kreis ist das eine oder andere hervorgegangen, zumeist in Form von Capriccio-Serien, wie Johann Wilhelm Baurs «Capricci di varie Battaglie» von 1635. Doch Goya dürfte auch eine andere erschreckend faszinierende, heute so gut wie vergessene Serie gekannt haben, die Radierfolge zum Dreißigjährigen Krieg von Hans Ulrich Franck aus den 1640er und 1650er Jahren. Der 1603 geborene Franck arbeitete ab 1637 in Augsburg, und hier konnte er all das am eigenen Leib erfahren, dem Goya dann in Madrid ausgeliefert war: Hungersnöte, Pest, Verheerung, den ständigen Einfall von fremden Landsknechtsheeren, Plünderungen und Vergewalti-

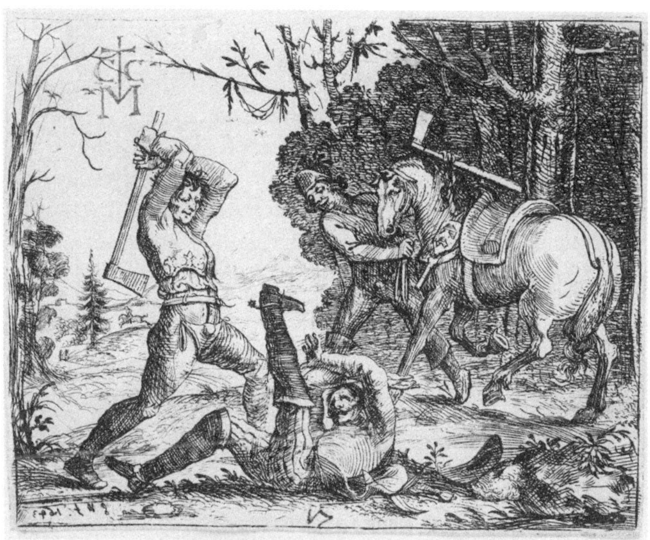

47 Hans Ulrich Franck, Zwei Bauern überfallen einen Reiter, Blatt 11 der Serie zum 30-jährigen Krieg, 1643, Radierung, 10,9 x 13,4 cm, Berlin, Kupferstichkabinett

gungen. Auch er war der Aufhebung aller Ordnung ausgesetzt, wie bei Goya stehen neben dem Hauptteil mit bedrückend wirklichkeitsnahen Szenen einige wenige allegorische Blätter, die – was auch für Goya gelten sollte – das unausweichliche Elend des Krieges nicht unterschlagen. Und wiederum wie bei Goya werden reguläre Truppen von der drangsalierten Landbevölkerung angegriffen, und sei es mit einem starken Ast gegen ein scharfes Schwert.

Auf einem der frühesten Blätter, das 1643 datiert ist, haben zwei Wegelagerer erfolgreich einen Reitersoldaten überfallen und ihn vom Pferd gerissen (Abb. 47). Einer der Räuber holt mit einer Axt weit aus, um den am Boden Liegenden zu erschlagen. Die Konstellation ähnelt auffällig dem Blatt Nr. 3 aus Goyas «Desastres», bis in die in Verzweiflung ausgestreckte abwehrende Hand des Opfers. Goya ist hier formal gesehen noch überzeugender, denn er legt die Hand mit den gespreizten Fingern ins absolute Bildzentrum. So sammelt sich in dieser Hand das Geschehen in seiner ganzen Hoffnungslosigkeit. Die Schutzgeste hilft nicht, das Unvermeidliche wird sich vollziehen, und wahrscheinlich ist der im Moment Triumphierende eines der nächsten Opfer.

Goya nutzt, bei aller unmittelbaren Überzeugungskraft seiner Blätter, beständig Motive der Kunstüberlieferung, sofern sie über ein verwandtes Rahmenthema verfügen. So greift Desastre 11 auf Raffaels Stich des Bethlehemitischen Kindermordes zurück; das in starker Verkürzung gezeigte am Boden liegende hilflose und halbnackte Baby stellt den Zusammenhang außer Frage. Desastre 14 gehört zu einer Gruppe extremer Gewaltszenen, es trägt den Titel «Hart ist der Weg». Aufständische werden an Galgen gehängt. Bei diesem trüben Geschäft spielt auch ein Mönch mit, der einem Delinquenten, schon auf den Stufen der Leiter zum Galgen, mit verschlagenem Gesichtsausdruck vermeintlich den letzten Beistand leistet. Zwei bereits Gehängte werden vom offenbar wilden Wind zur Seite getrieben, was den grässlichen Eindruck noch verstärkt. Und doch ist die Szene einer Kreuzabnahme Christi nachgebildet. Direktes Vorbild dürfte Rembrandts Radierung von 1633 sein, auf der einer der Schergen, der selbst auf der Leiter steht, mit verbissenem Gesicht direkt auf den Betrachter schaut. Er trägt Rembrandts eigene Züge. Das ist protestantisch-calvinistisch gedacht: Wir alle sind Täter, notwendig mitschuldig am Tod Christi. Eine derartige Dimension ist durchaus auf Goyas Blatt zu übertragen, wobei zwischen Täter und Opfer, so wie die Verhältnisse liegen, ohnehin nicht mehr zu unterscheiden ist.

Es ist erstaunlich, wie Goya seinem jeweiligen Vorbild bei der Transformation in seine Zusammenhänge zusätzliche Dimensionen abgewinnt. Desastre 30 mit den von einem Brettergewirr herabstürzenden Frauen geht auf Hogarths «Southwark Fair» zurück, wo eine hohe Bretterbühne zusammenbricht und die Protagonisten kopfüber in den Orkus befördert werden. Die Blätter von Hogarth nutzt Goya vielfach. So zeigt Desastre 44 mit dem berühmten Titel «Yo lo vi» («Ich hab es gesehen») einen Flüchtenden auf der linken Seite, der sich mit schreckensgeweiteten Augen zurückwendet und auf etwas Drohendes außerhalb des Bildes schaut. Er paraphrasiert Hogarths großes, im Stich 1746 publiziertes Rollenporträt des Schauspielers Garrick als Richard III., der in der berühmten nächtlichen Zeltszene aus Shakespeares Drama von den Visionen seiner Verbrechen heimgesucht wird. Und Desastre 55, das sich eindeutig auf die Hungersnöte in Madrid bezieht, zeigt am Boden Hockende, die ausgemergelt um Brot flehen oder bereits ohne jede Hoffnung sind. In der Mitte, frontal zum Betrachter, sitzt ein Mann mit dunklem Hut, dürren Armen und gefalteten Händen, die Augen sind nur noch schwarze Höhlen, der Mund ist apathisch leicht geöffnet. Er kann seine Herkunft aus Hogarths «Gin Lane» nicht verleugnen. Dort hockt auf den Stufen zu einem Ginkeller ein ausgemergeltes Gerippe im Gindelirium, ebenfalls mit schwarzem Hut, leeren Augenhöhlen und leicht geöffnetem Mund. Der Zustand ist in beiden Fällen endzeitlich.

Man könnte die Hinweise auf Goyas Vorbilder fortsetzen: Desastre 18 etwa mit dem Titel «Beerdigen und schweigen» gehört zu den gänzlich hoffnungslosen Blättern in Goyas Serie. In einer Senke liegen nackte Leichen, am Rand der Senke oberhalb des Leichenhaufens stehen zwei Figuren, die auf die Toten schauen; wegen des Leichengestanks halten sie sich die Nasen zu. Wie schon früh beobachtet wurde, nutzt Goya hier eine Illustration von John Flaxman zu Dantes «Göttlicher Komödie», dem 29. Gesang des «Inferno». Dante und Vergil, auf einem Brückenbogen stehend, schauen hinab auf am Grund liegende, übereinander gehäufte Nackte, die im Gesang als Fälschermeute bezeichnet werden. Goya hat offensichtlich nicht nur die Grundfiguration in zwei Registern, mit den bekleideten Beobachtern oben und den Nackten unten, von Flaxman übernommen, sondern sich auch von Dantes Text anregen lassen. Denn dort ist nicht allein die Rede davon, dass die Nackten aufeinander liegen: «Der auf dem Bauch, der auf des anderen Rücken», sondern es heißt auch: «So war es hier, und ein Gestank entsprang, / Gleich faulem Fleisch, aus diesen Leidensstätten.» Das mag Goya die Idee eingegeben haben, die beiden Beobachtenden mit zugehaltenen Nasen darzustellen.

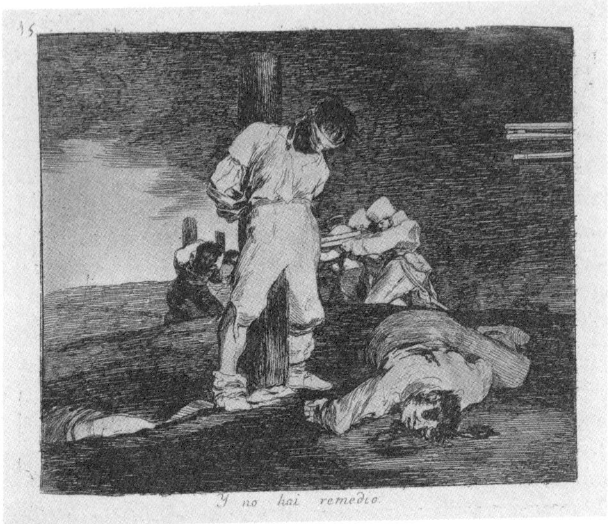

48 Goya, Und daran ist nichts zu ändern, Desastres 15, 1810–1814, Radierung, 14,5 x 16,5 cm, München, Staatliche Graphische Sammlung

Eine ganze Reihe von Desastres scheint das Gemälde des 3. Mai vorzubereiten. Mehrfach findet sich das radikale Motiv, dass vom Bildrand her nur die Spitzen von Bajonetten ins Bild ragen, ohne dass wir das Erschießungskommando selbst sehen. Allein die Todesfurcht der Opfer, auf die angelegt ist, wird zum Thema. Die Anonymität der Bedrohung macht diese auch hier besonders fürchterlich. Unmittelbarste Quelle für den «3. Mai» ist Desastre 15 (Abb. 48), wo neben besagtem Motiv der drohenden Bajonette ein Erschießungskommando direkt tätig wird und auf die an Pfählen Gebundenen angelegt hat. Vor allem aber liegt im Vordergrund ein bereits Hingerichteter, in starker Verkürzung dargestellt. Man hat ihm ins Auge geschossen, er liegt in seinem Blute, exakt so wie die Leiche mit dem zerfetzten Gesicht im Vordergrund des «3. Mai».

Die grausamsten Blätter der gesamten Folge sind zweifellos die Desastres 37 und 39. Auf dem ersten Blatt mit dem Titel «Das ist schlimmer» ist eine nackte Figur vom After bis zum

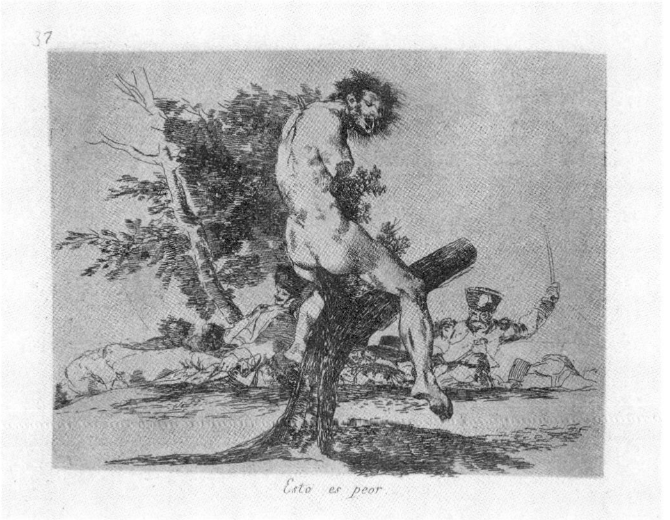

49 Goya, Das ist schlimmer, Desastres 37, 1810–1814, Radierung, 15 x 20,5 cm, München, Staatliche Graphische Sammlung

Hals auf einen Baumstumpf gespießt worden, der Arm wurde ihr abgehackt (Abb. 49). Ähnliches zeigt das zweite Blatt. Drei verstümmelte Leichen sind an einen Baum gebunden und geschändet worden. Ein Kopf wurde aufgespießt, zwei abgehackte Arme wurden an einen Zweig gebunden. Dieses «Stillleben» raubt endgültig den Atem. Und doch, man mag es kaum schreiben, für den Aufgespießten von Desastre 37 scheint Goya den Torso Belvedere zu nutzen. Goya hat in Italien die berühmte Antike genau in der auch in der Graphik verwendeten Schrägperspektive gezeichnet. Realisiert man dies, was nur unter Verdrängung der Schrecklichkeit des Gezeigten möglich ist, dann steht man sprachlos vor der hier aufgemachten extremen, kaum auszuhaltenden Spannung zwischen klassischem Ideal und dessen bestialischer Negierung in der Gegenwart. Diese Spannung verursacht unmittelbar Schmerzen.

Im letzten Teil der «Desastres», in den «caprichos enfáticos», scheint es, als würde Goya die Fassung verlieren. Er möchte die

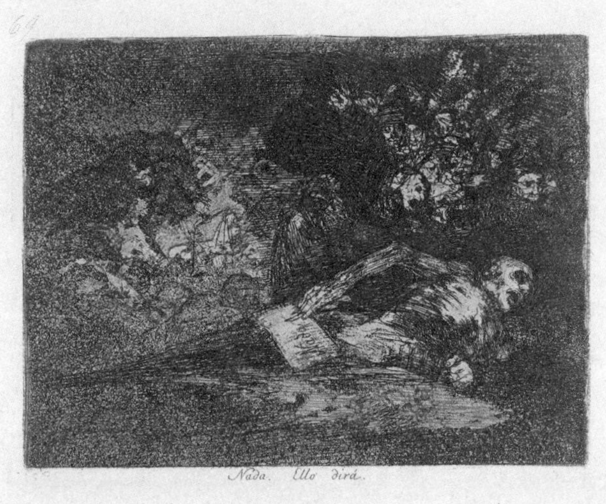

50 Goya, Nichts. Es wird sich zeigen, Desastres 69, 1820–1823, Radierung und Aquatinta, 15,5 x 20 cm, München, Staatliche Graphische Sammlung

Serie zu Ende bringen. Etwa mit Desastre 69, dem berühmten «Nada»-Blatt, auf dem ein halb verwester Leichnam aus der Erde ragt und auf ein Blatt Papier in großen Buchstaben «Nada» – «Nichts» – schreibt (Abb. 50). Der Titel des Blattes ist expliziter: «Nichts. Es wird sich zeigen», oder, wie auch übersetzt wurde: «Nichts. Das besagt es». Letzteres scheint mir treffender das spanische «Ello lo dice» wiederzugeben. Der Nachsatz dient der paradoxen Verstärkung. Was bleibt, ist nichts, basta. Die Leiche zerfällt zu Staub, sie verschwindet. Der Tod ist das definitive Ende, danach kommt nichts mehr.

Diesen Gedanken haben auch die deutschen Romantiker noch und noch gewälzt. Die berühmtesten Beispiele sind Jean Pauls «Rede des toten Christus vom Weltengebäude herab, daß kein Gott sei» im «Siebenkäs» von 1796/97 und August Klingemanns «Nachtwachen von Bonaventura» von 1804, in denen das Nichts in der Tat das letzte Wort hat: «Ich streue diese Handvoll väterlichen Staub in die Lufte und es bleibt – Nichts!»

«Drüben auf dem Grabe steht noch der Geisterseher und umarmt Nichts!» «Und der Widerhall im Gebeinhause ruft zum letztenmale – Nichts!» (Klingemann 2012, S. 136) Hier dient die dreimalige Berufung des «Nichts» der Verstärkung, der definitiven Feststellung. Und doch ist es bei Jean Paul und Klingemann insofern anders als bei Goya, als bei Jean Paul am Ende die Leugnung Gottes als ein Traum deklariert und damit tendenziell zurückgenommen wird. Und Klingemann lässt all seine Bemerkungen zur Zerstörung jeglicher Jenseitsvorstellungen und zur Deklarierung des Nichts als Endzustand von Freigeistern oder Irrenhausinsassen äußern. In beiden Fällen können wir also nicht sicher sein, ob wir die Überzeugung des Autors vor uns haben. Im Übrigen ist ein Vorläufer des Gedankens vom Nichts einmal mehr William Hogarth mit seinem «Tail-piece» von 1764, wo selbst der Tod noch sein Leben aushaucht und die Welt ein für alle Mal in Flammen aufgeht und in Trümmer fällt. Jean Paul und Klingemann zitieren Hogarths Blatt bezeichnenderweise jeweils mehrfach.

Doch Goya belässt es nicht beim Nichts. Desastres 79 und 80 zeigen die Verkörperung der Wahrheit. Auf dem ersten Blatt wird sie sterbend bedrängt von dunklen Gestalten, wobei offenbar auf die Aufhebung der Konstitution angespielt wird. Den zynischen Segen gibt ihr ein Bischof als der schlimmste Dunkelmann. In Desastre 80 dagegen taucht die tote Wahrheit in einem Strahlenkranz auf, und der Titel fragt: «Wird sie auferstehen?» Werden dies die gespenstischen Gestalten des Dunkels zulassen? Goya lässt die Frage offen, doch letztlich scheint das Dunkel übermächtig. Da hilft es auch nichts, dass Goya dann als endgültiges Schlussblatt Desastre 82 angehängt hat unter dem Titel: «Dies ist der wahre Weg.» Ein bärtiger, im Gesicht schier zugewachsener Bauer mit Hacke wird von der allegorischen Verkörperung der Landwirtschaft, einer Matrone im Strahlenglanz mit bloßen prallen Brüsten, auf die Früchte der Erde hingewiesen. Ob dies auf Jovellanos' «Informe» («Report») von 1794 zur Landwirtschaft zurückgreift oder auf Ideen der französischen Physiokraten, bleibe dahingestellt. Ebenso, ob die Matrone dem gebeugten Arbeiter helfen kann. Im Grunde genommen wird diese eher harmlose Schlussaussage durch das unmittelbar vorausgehende Blatt 81, betitelt «Grimmiges Monster», konterkariert. Ein tapirartiges Riesentier hat sich an Menschen überfressen und würgt sie wieder hervor. Der Despotismus Ferdinands VII. dürfte gemeint sein. Mit einem solchen Ungetüm im Nacken soll man in eine glorreiche Zukunft blicken, wo alle von der Hände Arbeit und friedlich miteinander leben? Man mag es kaum für möglich halten. Offenbar war auch Goya nicht überzeugt davon, denn in dem Band der «Desastres», den er für Ceán Bermúdez zusammengestellt hat, folgen noch drei Radierungen, die vom Format und der Erzählhaltung her definitiv nicht zur Serie gehören. Sie zeigen dreimal eine einzelne gefolterte Figur.

9 Die Schwarzen Bilder

1819 kaufte Goya wie erwähnt die Quinta del Sordo, das Landhaus des Tauben. Zwischen 1820 und 1823 hat er sie mit den Schwarzen Bildern ausgemalt – also genau in der Zeit, als auch die allegorisch aufgeladenen «caprichos enfáticos» entstanden. Die Wandbilder wurden noch im 19. Jahrhundert auf Leinwand übertragen und in den Prado transferiert. Sie waren früh in schlechtem Zustand, wurden vielfach übermalt und restauriert. Weder ihre Anordnung in der Quinta, offenbar in zwei Stockwerken, ist genau überliefert, noch ist ihre Technik präzise zu benennen. Es spricht manches dafür, dass die Bilder auf den bloßen Putz der Wände *al secco* gemalt wurden, also nicht in klassischer Freskotechnik, in der auf den feuchten Putz gemalt wird. Al secco-Arbeiten sind weniger widerstandsfähig, haben allerdings den Vorteil, dass der Künstler nicht wie beim klassischen Fresko von der kurzen Trocknungszeit des Putzes abhängig ist. Da sich bei der Al secco-Malerei Schäden schnell einstellen, hat wohl schon Goya die Schwarzen Bilder zum Teil mit Ölfarbe übermalt und gefirnisst. Alte Fotos zeigen den punktuell geradezu ruinösen Zustand der Bilder, mit gelegentlich höchst widersprüchlichen Ergänzungen. Das erschwert das Urteil über das Gezeigte zusätzlich. Denn was hier eigentlich dargestellt ist, das ist bis heute höchst umstritten. Ist es überhaupt ein Zyklus mit einem festen Programm? Oder hat Goya sich in einzelnen Bildern, die sich allenfalls in der Schwärze ihrer Aussage ähneln, seine Visionen und Obsessionen von der Seele gemalt – ohne Rücksicht auf Verluste an Verständlichkeit?

Am intensivsten hat sich Priscilla E. Muller um die Ausdeutung bemüht (Muller 1984). Sie konnte eine Fülle von Bezügen etwa zur Inquisition und der zugehörigen Hexenverfolgung ausmachen, historische Zusammenhänge etwa mit dem Inquisitionstribunal von Logroño und der Publikation der Protokolle durch Goyas Freund Moratín erschließen und allegorisch-emblematische Verweise entschlüsseln. Aus diesen Ergebnissen hat sie den Schluss gezogen, es sei dem Ganzen ein definitives Programm unterlegt. Doch so oft sie diesen Gedanken auch wiederholt, unter der Hand verflüchtigt sich ihr diese Vorstellung wieder. Denn wenn zu einem Bildgegenstand drei unterschiedliche Quellen herangezogen werden können, die jeweils eine gewisse Plausibilität besitzen, ohne aber mit dem Gegenstand gänzlich zur Deckung zu kommen, dann bleibt letztlich doch Unsicherheit und Irritation. Woran liegt das? Offenbar an zwei Dingen. Zum einen reduziert Goya bei allegorisch-mythologischen Figuren deren ikonographische Erkennbarkeit so weit, dass sie für andere oder ergänzende Bedeutungszuweisungen offen werden. Zum anderen haben die Szenen, wenngleich sie in irrationalen, gespensterhaften und ängstigend-unwirklichen Zusammenhängen angesiedelt sind, dennoch einen direkten Gegenwartsbezug, der es ermöglicht, dass sie subjektiv in Anspruch genommen werden.

Drei Beispiele der Schwarzen Bilder seien betrachtet. Bei der Szene, die man den «Knüppelkampf» oder das «Duell mit Stöcken» genannt hat, schlagen zwei eng beieinander stehende bäurische Gestalten wild aufeinander ein (Abb. 51). Irritierenderweise scheinen sie bis zu den Knien in der Erde versunken zu sein, so dass sie in ihrer hemmungslosen Wut einander gar nicht ausweichen können. Allerdings legen Röntgenfotos nahe, dass der untere dunkle Streifen des Gemäldes die Ergänzung eines

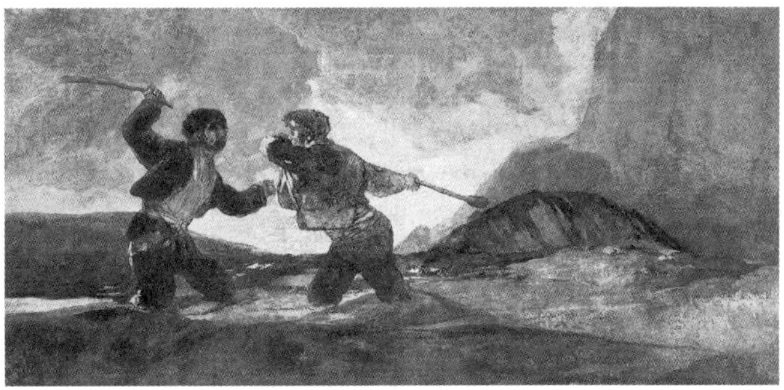

51 Goya, Duell mit Stöcken, 1820–1823, Öl auf Putz, auf Leinwand übertragen, 123 x 266 cm, Madrid, Prado

Restaurators darstellt und die Kämpfenden ursprünglich frei standen. Es ist dennoch ein Kampf auf Leben und Tod, bei dem nicht auszumachen ist, wer die Oberhand gewinnen wird. So scheinen die beiden ewig aufeinander einzuschlagen. Im Verhältnis zur Landschaft erscheinen sie riesig, was die Irritation steigert. Man hat in ihnen aragonesische Bauern erkennen wollen und angenommen, dass hier ein Anhänger der Konstitution und ein Monarchist aufeinander losgehen, wie es für die 1820er Jahre überliefert ist. In der Zeitschrift «El Censor» wird 1821 beklagt, dass die Spanier sich selbst bekämpfen und vernichten. Dieser Gegenwartsbezug leuchtet durchaus ein. Aber warum erscheinen die Figuren so riesig?

Offenbar verarbeitet Goya weitere Bezüge. Die tragische mythologische Geschichte der Giftmischerin und Zauberin Medea scheint ihm geläufig gewesen zu sein. Medea streut Schlangenzähne aus, aus denen gewaltige Krieger herauswachsen, die, von Jason manipuliert, sofort aufeinander losgehen, sich selbst vernichten und Jason so den Zugang zum Goldenen Vließ nicht mehr verstellen können. Die Geschichte ist vielfältig tradiert, etwa in Emblem 75 aus Diego de Saavedra Fajardos «Idea de un príncipe político» von 1655 oder auch in einem der berühmtesten Kupferstiche der Kunstgeschichte, Antonio Pollaiuolos «Kampf nackter Männer» von ca. 1470. Vasari hat das Blatt hoch gelobt wegen der anatomischen Perfektion der Dargestellten, die sich mit Schwertern, Äxten, Dolchen oder mit Pfeil und Bogen in größter Wut bekämpfen. Im Zentrum des Blattes holen zwei sich an einer Kette Haltende und somit aneinander Gefesselte mit Schwertern aus, um sich den Garaus zu machen. Diesen Beginn der klassischen Körperauffassung der Renaissance konterkariert Goya mit seinen sich prügelnden Bauern. Im Medea-Mythos profitiert der von der Zauberin unterstützte Jason vom sinnlosen Kampf der Krieger. Bei Goya dagegen profitiert niemand. Schaden nimmt das spanische Volk, das von Kirche und Königtum aufgestachelt ist. Würden die spanischen Riesen gemeinsame Sache machen, das Volk würde triumphieren, doch die Hoffnung auf eine solche Lösung hat Goya nicht mehr. So könnte man die Szene lesen, aber die Hinweise auf den Medea-Mythos auf der einen Seite und die historisch-politische Situation in der Gegenwart auf der anderen sind vielleicht nicht bestimmt genug, um die Lektüre gänzlich zwingend erscheinen zu lassen.

Ikonographisch eindeutig scheint das hochformatige Gemälde mit Saturn zu sein, der einen seiner Söhne verschlingt (Abb. 40). Goya dürfte die Szene durch Rubens' Fassung für den Torre de la Parada beim Königspalast El Pardo außerhalb Madrids geläufig gewesen sein. Auch diese Version ist grausam genug, aber Rubens' Saturn als der Zeitengott ist, wie es sich ikonographisch gehört, ein alter Mann. Er trägt eine Sense, gräbt seine Zähne wirklich in ein Kind – und ist damit, auch durch den Stern am Himmel, eindeutig identifizierbar und sinnvoll im Rahmen des Programms des Torre de la Parada. Nichts davon bei Goya, kein Attribut und auch kein vom Mythos gefordertes Kind, vielmehr ein erwachsener Mensch in den Klauen des Riesen, womöglich gar eine Frau. So ließe sich auch diese Darstellung auf das spanische Volk beziehen, das grausam zerfleischt wird, hier wohl vom Monster Ferdinand.

Möglich erscheint dies durchaus, und die zeitgenössischen Besucher der Quinta del Sordo werden sich ihre Gedanken gemacht haben. Allerdings hebt hier wie bei fast allen Szenen der Quinta die Darstellung selbst alle einseitige Rationalisierung von Bezügen auf. Der Wahn leuchtet aus den weit aufgerissenen

Augen des Saturn, den man aufgrund des Fehlens eindeutiger Verweise auch als Satan gelesen hat. Das Opfer ist bereits ohne Kopf und ohne Arme. Der linke Arm steckt im weit aufgerissenen Maul des Ungetüms, das in seiner Wut und Verkrampfung offenbar nicht mehr weiß, was es tut. Gemalt ist dies in wilden Pinselhieben, die alle Schönheitlichkeit hinter sich lassen. Das heißt, die Ausdrucksdimension, die nur noch Schrecken und Entsetzen auslöst, hebt alle direkten Verweismöglichkeiten auf. Ja, selbst wenn man eine ikonographische Herleitung unternommen hat, erscheint sie eher kontraproduktiv, als würde diese Festlegung die Ausdrucksdimension minimieren.

Manche der Schwarzen Bilder scheinen bedrängende Visionen oder Alpträume Goyas darzustellen. Sucht man nach einer ästhetischen Kategorie, um diese Bilder zu charakterisieren, so kann es nur das Groteske in der Tradition von Rabelais sein. Dessen Auffassung des Grotesken ist auf das Leibliche bezogen. Die Auswüchse des Körpers, seine Tierähnlichkeit, seine Verzerrung, fast immer mit weit aufgerissenem Mund, der zum Schlund wird bei herausquellenden Augen, entgrenzen den Leib. Angesichts dieser Körper fühlen wir uns extrem unwohl, weil sie eine Dimension eröffnen, die wir nur zu gerne unterdrückt hätten. Besonders deutlich wird dies auf Goyas Wandbild für die Prozessionsteilnehmer auf dem Weg zur Eremitage des heiligen Isidor (Abb. 41). Die reale Eremitage befand sich in unmittelbarer Nähe von Goyas Quinta del Sordo. Von daher waren ihm die jährlichen Vorgänge der Prozession vertraut. Goya hatte bereits unter den Teppichentwürfen des Jahres 1788 das Fest des heiligen Isidor in einer großen Panoramaszene bedacht. Vergleicht man diese fröhliche, helle und vielfältige Szene, in der ein Picknick eingenommen und getanzt wird, mit der entsprechenden Darstellung der Quinta, so konstatiert man einen Unterschied wie von Tag und Nacht, was ganz wörtlich zu nehmen ist. Nicht mehr von einem sonnigen Volksfest ist die Rede, sondern von kirchlicher Volksverführung, von Aberglauben und gänzlich hysterischer Frömmigkeit bei Nacht. Die Prozessionsteilnehmer füllen Berg und Tal mit wahnsinnigen Gesängen. Die Spitze der Prozession kommt uns entgegen. Die Teilnehmer bedrängen uns mit ihren im Irrsinn aufgerissenen Mündern, den panisch geweiteten Augen, sie erscheinen, als drohe ihnen die Hölle unmittelbar, dabei verkörpern sie selbst Höllisches. Ordnung und räumliche Logik sind außer Kraft gesetzt und korrespondieren so dem aufgestachelten Glaubenswahn.

Es mag sein, dass die gewisse Uneindeutigkeit und Unauflösbarkeit der Szenen auch Goyas Selbstschutz dienten. Denn selbst wenn die Entstehung der Schwarzen Bilder mit der Zeit zusammenfällt, in der die Konstitution wieder in Kraft gesetzt war, so war doch in diesen Jahren zwischen 1820 und 1823 die liberale Tendenz permanent gefährdet. Man wusste, dass Ferdinand an der erneuten Aufhebung der Verfassung mit aller Kraft arbeitete. Es gab auch in dieser Phase militärische Auseinandersetzungen. Goya lebte nach dem Tod seiner Frau mit Leocadia Weiss zusammen, die politisch hochgradig und öffentlich engagiert war. Ihr Sohn hatte gegen Ferdinands königliche Garden gekämpft und musste 1823 nach Frankreich fliehen, als Ferdinand mit Hilfe der ins Land gerufenen Franzosen wieder gänzlich die Macht übernahm, die Verfassung abschaffte und die Verfassungsfreunde mit allen Mitteln verfolgte. So war auch Goya gefährdet. Er übertrug das Haus der Schwarzen Bilder seinem Enkel Mariano und nahm damit sich selbst und die Bilder aus der Schusslinie. Nach Ferdinands Rückkehr nach Madrid versteckte er sich von Januar bis April bei seinem Freund José Duaso y Latre.

Als Ferdinand im Mai 1824 aus taktischen Gründen eine Amnestie für Verfassungsanhänger erließ, beantragte der zu diesem Zeitpunkt bereits 78-jährige Goya einen Kuraufenthalt in den südfranzösischen Bädern. Im Juni war er für drei Tage bei seinem emigrierten Freund Moratín in Bordeaux. Bis August weilte er in Paris. Er begann die Lithographien der Stiere von Bordeaux, nachdem er sich in Paris von dem ihm vertrauten José María Cardano noch einmal in der Technik der Lithographie hatte unterweisen lassen. In Bordeaux ließ er sich schließlich nieder, wohin ihm im September Leocadia nachfolgte. Goya beantragte die Verlängerung seines Kuraufenthaltes und war, um seine Rente zu sichern, von Mai bis zum 15. Juli 1826 und auch 1827 noch einmal in Madrid. Am 20. September 1827 siedelte er sich endgültig in Bordeaux an, wo er am 16. April 1828 auch sterben sollte. Erneut porträtierte er emigrierte Freunde und malte auf kleinen Elfenbeintäfelchen erschreckend groteske Köpfe, nur selten in szenischem Zusammenhang. Wie seine Schwarzen Bilder sind auch dies stumme Schreie eines Tauben, der die Schreie der Welt nicht hören kann und sie umso stärker empfindet. Auch dies sind Caprichos, und selbst die Schwarzen Bilder wurden so genannt, wobei der Begriff eher die Freiheit meint, die der Künstler sich genommen hat, Dinge zu zeigen, die sonst keinen Ort in der Kunst haben: die Abgründe der Menschheit, die auch die eigenen sind.

10 Epilog: «Die Kompanie der Philippinen»

Mit Goyas Selbstbildnis mit seinem Arzt Arrieta aus dem Jahr 1820 haben wir begonnen, weil an ihm eine Reihe zentraler, Goyas Kunst charakterisierender Beobachtungen zu machen war. Mit der «Kompanie der Philippinen» von 1815 (Abb. 42) wollen wir enden, denn dieses Bild, mit 3,27 x 4,17 m das größte, das Goya je gemalt hat, bündelt auf besondere Weise noch einmal Eigenschaften der Kunst Goyas. Diese sind angesiedelt zwischen einem ausgeprägten politischen Engagement auf der einen Seite, das durch eine Fülle liberaler Reformer, die Goya beinahe alle gemalt hat, gefördert wurde, und auf der anderen Seite einem sehr persönlichen, höchst skeptischen, ja, pessimistischen Umgang mit den Hoffnungen, die die Reformer zu wecken suchten. Goya war nur zu gut bewusst, dass die meisten seiner Freunde nach jeweils relativ kurzem Wirken von der politischen Reaktion verfolgt, eingekerkert oder dauerhaft in die Emigration getrieben worden waren.

Die Kompanie der Philippinen, die Real Compañía de Filipinas, war 1785 gegründet worden. Sie war eine höchst einflussreiche Handelsgesellschaft für den spanischen Kolonialhandel, die nicht nur auf den Philippinen und generell in Ostasien, sondern auch in Lateinamerika tätig war. Treibende Kraft war der Conde Francisco de Cabarrús. Er hatte 1781/82 die Banco Nacional de San Carlos gegründet, die spätere Bank von Spanien, war ein gebildeter Ökonom, der sich an französischen Wirtschaftsreformen orientierte. Seine Aktivitäten richteten sich gegen die Politik der katholischen Banken Spaniens. Mit seinem Unternehmen stand er in der Tradition zahlreicher spanischer Handelsgesellschaften, die seit der zweiten Hälfte des 18. Jahrhunderts gegründet worden waren und den Ostindien-, Westindien- und Amerikahandel betrieben. Vor allem französische Literatur zu Landwirtschafts-, Industrie- und Handelsreformen wurde importiert. Die Gründer arbeiteten, primär unter Karl III. und Karl IV. und dann in den immer wieder unterbrochenen liberalen Phasen, an einer schrittweisen Aufhebung der Feudalprivilegien und der Sondersteuern für die Abhängigen. Dabei stießen sie auf den erbitterten Widerstand des Altadels und der Kirche, auf deren Seite sich nach 1808 Ferdinand VII. immer wieder schlug.

Das Problem für die Kompanie der Philippinen bestand darin, dass zwischen 1800 und 1814 die spanische Inflation gewaltig anstieg, was in verschiedenen Kriegen zu Lande und zu Wasser zu einem weitgehenden Verlust der Kolonien führte. Cabarrús' Bank gab Staatsanleihen heraus und finanzierte Industrie- und Handelsunternehmungen, er selbst war der größte Aktionär der Kompanie. Goya stand den Reformern nahe und hat Cabarrús bereits 1788 gemalt. Seine Freunde Ceán Bermúdez, den er 1785 porträtierte, und Jovellanos, den er 1798 malte, waren beide bei der Banco Nacional beschäftigt, und zwar seit ihrer Gründung. Schon 1784 erwarb Goya auf den Rat seiner Freunde hin Anteile an der Bank. 1787 und 1788 war er weitgehend damit beschäftigt, die Direktoren der Bank und die ganze Familie des ersten Direktors Conde de Altamira in Einzelporträts zu malen. Die Aufträge hatte ihm Ceán Bermúdez vermittelt. Nach der Rückkehr Ferdinands 1814 suchte sich die Kompanie angesichts der schwierigen politischen und wirtschaftlichen Verhältnisse zu reorganisieren. Der König war aufgrund der Staatsanleihen, die ihm vor allem den Krieg gegen England finanzieren sollten, von der Bank, aber auch der Kompanie abhängig, oder anders ausgedrückt: Er versuchte beide auszuplündern.

Am 30. März 1815 trat die Generalversammlung der Kompanie zu ihrer jährlichen Beratung zusammen. Direktor war zu diesem Zeitpunkt José Luis Munárriz, den Goya im selben Jahr malte. Organisiert hatte das Treffen jedoch der Indienminister Miguel de Lardizábal. Er präsidierte der Versammlung, und geladen war auch Ferdinand VII., der den Ehrenvorsitz übernahm. Bald nach der Generalversammlung, an der jenseits des Vorstandstisches die 51 Mitglieder und Anteilseigner der Kompanie teilnahmen, bekam Goya von der Kompanie den Auftrag, das Ereignis zu verewigen. Allerdings stellte sich in Kürze eine grundsätzliche Schwierigkeit ein, die dem Problem ähnelt, das Jacques-Louis David beim «Ballhausschwur» verfolgte und dessen Vollendung unmöglich machte: Der Indienminister Miguel de Lardizábal wurde auf Veranlassung Ferdinands VII. im September 1815 entlassen – im Falle Davids waren mehrere Protagonisten des Ballhausschwures bei der Ausführung des Gemäldes bereits unter der Guillotine geköpft worden.

Der Präside Lardizábal wurde nicht nur entlassen, sondern auch gleich eingekerkert. Der Grund war leicht zu finden, er hatte ähnlich wie Graf Cabarrús intensive Geschäfte mit Frankreich gemacht. Was tun, muss Goya sich gefragt haben. Er fand eine geniale, wenn auch durchaus riskante Lösung. Lardizábal hatte als eigentlicher Präsident der Versammlung rechts von Ferdinand gesessen, der das Zentrum einnahm. Das war im Gemälde nicht mehr möglich. Links und rechts von Ferdinand erscheinen nun der Vizepräsident und der Sekretär der Kompanie, beide hat Goya ebenfalls gesondert porträtiert. Lardizábal jedoch erscheint links am Rand des Bildes in einer Türnische, gegen die Logik der Lichtführung mit hell erleuchtetem Gesicht, und schaut als einziger im Bilde direkt auf den Betrachter. Doch Goya betont ihn, den er im selben Jahr noch mit einem individuellen Porträt bedenkt, noch auf andere Weise, wie wir gleich sehen werden. Das Prager Bildnis von Lardizábal trägt im Übrigen eine Aufschrift von Goya, die nur als ein direktes Bekenntnis seinerseits zur gesamten Reformbewegung gelesen werden kann: «Fluctibus Rei publicae expulsus Pintado p.r Goya 1815» – «Verbannt wegen der Unwägbarkeiten der öffentlichen Sache, gemalt von Goya 1815».

Die Struktur von Goyas Bild der Kompanie der Philippinen ist höchst irritierend. So riesig das Gemälde ist, wirken insbesondere die Figuren am Vorstandstisch, der das Bild wie ein Riegel nach hinten hin abschließt, doch winzig und wie verwischt. Ferdinand in der Mitte, dem eine höhere Stuhllehne als den Vorstandsmitgliedern zugestanden wird, sitzt steif und wie erstarrt da, gleich einer Spinne im Netz. Er ist leicht seitwärts gedreht und hat den Arm auf den Vorstandstisch gestützt, womit er seinen Anspruch markiert. Die räumliche Konstruktion des Saales ist sonderbar, ein extrem hoher Kastenraum, dessen seitliche Wände in bloßen Streifen wiedergegeben sind, die keine Tiefe stiften. Diese Funktion wird durch den höchst unruhigen, stark fluchtenden Teppich übernommen. Das Licht fällt durch ein hohes, nicht ausmessbares Fenster in der rechten Seitenwand. Links und rechts vom freigelassenen Teppich sitzen die Mitglieder der Kompanie – aber wie sind sie wiedergegeben! Unruhe und Unordnung herrscht bei ihnen. Wenn die Vorstandsmitglieder wie erstarrt wirken, so erwecken die gewöhnlichen Mitglieder der Kompanie den Eindruck, als mache jeder sich auf seine Weise in einer Pause der Verhandlung Luft. Der eine streckt sich, der andere sinkt zusammen, einer schaut in den Himmel, ein anderer zu Boden, ganz rechts im Vordergrund, quasi als Abschluss, hat sich einer gar gänzlich umgedreht und scheint Kontakt zu einem hinter ihm Sitzenden aufgenommen zu haben. Die Mitglieder scheint nicht im Geringsten zu interessieren, was am Vorstandstisch geschieht – aber es kommt auch von da keinerlei Reaktion.

Lardizábal scheint sich in seiner Nische am linken Bildrand an unserer Verblüffung über diese Form der Versammlung zu weiden. Er schaut uns forschend an. Während sich die Fluchtlinien des Bildes, nachvollziehbar am sich verkürzenden Teppich, auf der zentralen Mittelachse unterhalb Ferdinands auf dem verhängten Vorstandstisch kreuzen und so den Raum festzurren, ist Lardizábal aus dem Raumsystem herausgenommen. Dennoch ist er besonders betont, denn seine uns fixierenden Augen befinden sich exakt auf der waagerechten Mittelachse des Bildes. Am linken Rand des Vorstandstisches, fast versteckt, ist ein Stuhl frei geblieben, was wir wohl als Verweis auf Lardizábals Ausscheiden aus seinem Amt lesen dürfen. Auf abstrakte, aber überaus wirksame Weise wird er zum eigentlichen Protagonisten des Bildes. Dass die Mitglieder in ihrem geradezu indezenten chaotischen Verhalten im weiteren Sinne durchaus angemessen reagieren, belegt die spätere Geschichte der Kompanie in ihrem Verhältnis zu Ferdinand. Unter Androhung von Repressalien verlangte der König mehrfach enorme Summen von der Kompanie, um der immensen Staatsschulden Herr zu werden. 1818 forderte er zwanzig Millionen Reales, kurz danach noch einmal acht Millionen – die Kompanie weigerte sich mit dem Hinweis, sie habe bereits insgesamt 145 Millionen zur Verfügung gestellt. Im Frühjahr 1820 ließ Ferdinand die Bücher der Kompanie überprüfen. In der Folge konnten sich die Kompanie und ihre Bank nur vor weiteren Zugriffen schützen, indem sie das eingehende Geld täglich an ihre Mitglieder verteilten. Das Verhältnis zwischen der Kompanie und dem König war vollständig zerrüttet.

Einerseits ist das Bild der Kompanie das Dokument eines Abhängigkeitsverhältnisses. Andererseits aber legt es aufgrund von Goyas besonderer Inszenierung zugleich ein untragbares Verhältnis offen und ist eben auch eine Stellungnahme zugunsten einer fortschrittlicheren Politik mit künstlerischen Mitteln. Goyas gesamte Kunst scheint einer derartigen Dialektik zu gehorchen. Sie anschaulich gemacht zu haben, ist sein besonderes Verdienst und markiert seine Position am Beginn des bürgerlichen Zeitalters. Diese ist gekennzeichnet durch die Einsicht darein, dass Vernunft und Aufklärung nicht nur dauerhaft gefährdet sind, sondern auch, bei jedem Einzelnen, in Gewalt und Wahn umschlagen können.

Literaturverzeichnis

Alpers 1971 – Svetlana L. Alpers, The Decoration of the Torre de la Parada, Brüssel 1971

Bachtin 1969 – Michail Bachtin, Literatur und Karneval. Zur Romantheorie und Lachkultur, München 1969

Baudelaire 1947 – Charles Baudelaire, Œuvres complètes, hrsg. von Jacques Crépet, Correspondance II, Paris 1947

Busch 1986 – Werner Busch, Goya und die Tradition des «capriccio», in: Max Imdahl (Hrsg.), Wie eindeutig ist ein Kunstwerk?, Köln 1986, S. 41–73 und 172–174

Busch 1993 – Werner Busch, Das sentimentalische Bild. Die Krise der Kunst im 18. Jahrhundert und die Geburt der Moderne, München 1993

Busch 1996 – Werner Busch, «Wenn die Luft kein Gewicht besäße, würde sie davon fliegen». Ästhetische Reaktionen auf die Erkenntnisse der Gasforschung, in: Paragrana 5, 1996, S. 59–77

Busch 1997 – Werner Busch, Romneys «Howard». Revolution und Abstraktion, in: Städel-Jahrbuch N. F. 16, 1997, S. 289–323

Busch 2001 – Werner Busch, Mutterliebe. Vielleicht, in: Ars et scriptura. Festschrift für Rudolf Preimesberger zum 65. Geburtstag, hrsg. von Hannah Baader, Ulrike Müller Hofstede, Kristine Patz und Nicola Suthor, Berlin 2001, S. 77–92

Busch 2006 – Werner Busch, Goyas Porträt der Marquesa de Villafranca als Porträtierende, in: Bilder – Räume – Betrachter. Festschrift für Wolfgang Kemp zum 60. Geburtstag, hrsg. von Steffen Bogen, Wolfgang Brassat und David Ganz, Berlin 2006, S. 131–139

Busch 2009 – Werner Busch, Das unklassische Bild. Von Tizian bis Constable und Turner, München 2009

Busch 2011 – Werner Busch, «Great wits jump». Laurence Sterne und die bildende Kunst, München 2011

Busch 2014 – Werner Busch, Das Pathos der Sinnlosigkeit. Moderne Geschichtserfahrung in Francisco Goyas «Erschießung der Aufständischen», in: Uwe Fleckner (Hrsg.), Bilder machen Geschichte. Historische Ereignisse im Gedächtnis der Kunst, Berlin 2014, S. 221–233

Busch 2017 – Werner Busch, Klingemanns «Nachtwachen von Bonaventura». Zum Ende des Jüngsten Gerichts in seiner religiösen Bestimmung, in: Zeitschrift für Germanistik N. F. 27, 2017, S. 454–474

Busch 2018 – Werner Busch, Goyas «Caprichos». Der Zweifel an der Wirklichkeit aufklärerischer Moral, in: Margit Kern (Hrsg.), Visuelle Skepsis. Wie Bilder zweifeln, Hamburg 2018 (im Druck)

Cartari 1963 – Vincenzo Cartari, Imagini delli dei de gl'antichi. Nachdruck der Ausgabe Venedig 1647, Einleitung von Walter Koschatzky, Graz 1963

Dante 1955 – Dante Alighieri, Die göttliche Komödie, übertr. von Wilhelm G. Hertz, Frankfurt a. M. 1955

Gassier 1973 – Pierre Gassier, The Drawings of Goya. The Complete Albums, London 1973

Gludovatz 2011 – Karin Gludovatz, Fährten legen – Spuren lesen. Die Künstlersignatur als poietische Referenz, München 2011

Hämmerle 1923 – Albert Hämmerle (Hrsg.), Die Radierungen des Hanns Ulrich Franckh, Malers aus Kaufbeuren 1603/1675, Augsburg 1923

Haskell – Penny 1982 – Francis Haskell und Nicholas Penny, Taste and the Antique. The Lure of Classical Sculpture 1500–1900, New Haven und London, 2. Aufl. 1982

Held 1966 – Jutta Held, Goyas Akademiekritik, in: Münchner Jahrbuch der bildenden Kunst 17, 1966, S. 214–224

Held 1980 – Jutta Held, Francisco de Goya, Reinbek bei Hamburg 1980

Held 1994 – Jutta Held (Hrsg.), Goya. Neue Forschungen. Das internationale Symposium 1991 in Osnabrück, Berlin 1994

Hetzer 1957 – Theodor Hetzer, Francisco Goya und die Krise der Kunst um 1800, in: ders., Aufsätze und Vorträge, Bd. 1, Leipzig 1957, S. 177–198

Hofmann – Helman – Warnke 1981 – Werner Hofmann, Edith Helman und Martin Warnke, Goya. «Alle werden fallen», Frankfurt a. M. 1981

Kamen 1969 – Henry Kamen, Die spanische Inquisition, München 1969

Kat. Berlin 1994 – Das Berliner Kupferstichkabinett. Ein Handbuch zur Sammlung, hrsg. von Alexander Dückers, Berlin 1994

Kat. Berlin 2005 – Kat. Ausst. Goya. Prophet der Moderne, hrsg. von Peter-Klaus Schuster, Wilfried Seipel und Manuela B. Mena Marqués, Nationalgalerie, Staatliche Museen zu Berlin; Kunsthistorisches Museum Wien, Köln 2005

Kat. Essen 1988 – Kat. Ausst. Prag um 1600. Kunst und Kultur am Hof Rudolfs II., Kulturstiftung Ruhr Essen, Freren 1988

Kat. Hamburg 1980 – Kat. Ausst. Goya. Das Zeitalter der Revolutionen 1789–1830, hrsg. von Werner Hofmann, Hamburger Kunsthalle, München 1980

Kat. Köln 1977 – Kat. Ausst. Peter Paul Rubens 1577–1640, Katalog II: Maler mit dem Grabstichel. Rubens und die Druckgraphik, hrsg. von Gerhard Bott, Wallraf-Richartz-Museum Köln in der Kunsthalle Köln 1977

Kat. Ludwigshafen 1977 – Kat. Ausst. Goya. Caprichos, hrsg. von Sigrun Paas, Städtische Kunstsammlungen Ludwigshafen 1977

Kat. Madrid – Boston – New York 1989 – Kat. Ausst. Goya and the Spirit of Enlightenment, hrsg. von Alfonso E. Pérez Sánchez und Eleanor A. Sayre, Museo del Prado, Madrid; Museum of Fine Arts, Boston; The Metropolitan Museum of Art, New York, Boston, Toronto und London 1989

Kat. Madrid – London – Chicago 1994 – Kat. Ausst. Goya. Truth and Fantasy. The Small Paintings, hrsg. von Juliet Wilson-Bareau und Manuela B. Mena Marqués, Museo del Prado, Madrid; Royal Academy of Arts, London; The Art Institute of Chicago, New Haven und London 1994

Kat. Madrid 1996 – Kat. Ausst. Goya. 250 aniversario, hrsg. von Juan J. Luna und Margarita Moreno de las Heras, Museo del Prado, Madrid 1996

Kat. Madrid 2002 – Kat. Ausst. Goya. La familia de Carlos IV., hrsg. von Manuela B. Mena Marqués, Museo del Prado, Madrid 2002

Kat. Madrid 2006 – Kat. Ausst. La duquesa de Alba «musa» de Goya. El mito y la historia, hrsg. von Manuela B. Mena Marqués und Gudrun Maurer-Mühle, Museo del Prado, Madrid 2006

Kat. Madrid 2008 – Kat. Ausst. Goya en tiempos de guerra, hrsg. von Manuela B. Mena Marqués, Museo del Prado, Madrid 2008

Kat. Madrid 2015 – Kat. Ausst. The Divine Morales, hrsg. von Leticia Ruiz Gómez, Museo Nacional del Prado, Madrid 2015

Klingemann 2012 – August Klingemann, Nachtwachen von Bonaventura. Freimüthigkeiten, hrsg. von Jost Schillemeit, Göttingen 2012

Klingender 1968 – F. D. Klingender, Goya in the Democratic Tradition, New York 1968 (zuerst 1948)

Kornmeier 1999 – Barbara Kornmeier, Goya und die populäre Bilderwelt, Frankfurt a. M. 1999

Licht 1985 – Fred Licht, Goya. Beginn der modernen Malerei, Düsseldorf 1985 (zuerst 1979)

López-Rey 1953 – José López-Rey, Goya's Caprichos. Beauty, Reason and Caricature, Princeton 1953

Martin 1972 – John R. Martin, The Decorations for the Pompa Introitus Ferdinandi, Brüssel 1972

Maurer 2009 – Gudrun Maurer, Ars longa, vita brevis. Zum letzten offiziellen Bildprogramm am spanischen Hof und Goyas Königsporträts um 1800, Berlin 2009

Maurer 2012 – Gudrun Maurer, Goya, sordo, y la «máquina eléctrica», in: Boletín del Museo del Prado 30, 2012, S. 94–97

Mena Marqués 2011 – Manuela B. Mena Marqués, Goya. Black Paintings. Gallery Guide, Museo del Prado, Madrid 2011

Moffit 1981/82 – John F. Moffit, Observations on the Origins and Meanings of «Goya with the Devils» in the 1820 Self-Portrait with Dr. Arrieta, in: The Minneapolis Institute of Arts Bulletin 65, 1981/82, S. 36–49

Muller 1984 – Priscilla E. Muller, Goya's «Black» Paintings, New York 1984

Nagel 1997 – Ivan Nagel, Der Künstler als Kuppler. Goyas Nackte und Bekleidete Maja, München und Wien 1997

Phillips 1955 – John Goldsmith Phillips, Early Florentine Designers and Engravers, Cambridge 1955

Renger 1970 – Konrad Renger, Lockere Gesellschaft. Zur Ikonographie des Verlorenen Sohnes und von Wirtshausszenen in der niederländischen Malerei, Berlin 1970

Schulte 1969 – Hansgerd Schulte, El desengaño. Wort und Thema in der spanischen Literatur des Goldenen Zeitalters, München 1969
Stoichita – Coderch 2006 – Victor I. Stoichita und Anna Maria Coderch, Goya. Der letzte Karneval, München 2006 (zuerst 1999)
Symmons 1988 – Sarah Symmons, Goya. In Pursuit of Patronage, London 1988
Tomlinson 1992 – Janis A. Tomlinson, Goya in the Twilight of Enlightenment, New Haven und London 1992
Traeger 2000 – Jörg Traeger, Goya. Die Kunst der Freiheit, München 2000
Vetter 1955 – Ewald Vetter, Der Verlorene Sohn, Düsseldorf 1955
Volland 1993 – Gerlinde Volland, Männermacht und Frauenopfer. Sexualität und Gewalt bei Goya, Berlin 1993
Williams 1978 – Gwyn A. Williams, Goya, Reinbek bei Hamburg 1978
Wolf 1991 – Reva Wolf, Goya and the Satirical Print, Boston College Museum of Art, Chestnut Hill 1991

Bildnachweis

Berlin, akg-images: 1, 18, 24, 25, 28 (Album/Oronoz); 8; 46 (New York, Metropolitan Museum of Art, Inv. Nr. 22.60.25 [3]) – W. Hofmann, Goya. Vom Himmel durch die Welt zur Hölle, München 2003: 2; 3; 9; 10, 13, 14 (Madrid, Archivo Oronoz); 15; 17; 20; 21; 23; 26, 30, 31, 32, 33, 34, 44, 48, 49, 50 (Seehuber); 29; 35; 36; 37; 38; 39; 40; 41; 45; 51 – Berlin, bpk: 4 (Staatliche Kunstsammlungen Dresden/Steuerlein); 16 (RMN – Grand Palais/Bulloz); 47 (Kupferstichkabinett, SMB) – G. Schwartz, Das Rembrandt-Buch. Leben und Werk eines Genies, München 2006: 5 (Brunzel) – R. Paulson (Hg.), Hogarth's Graphic Work, London 1989: 6, 27 (London, British Museum) – Berlin, Bridgeman Images: 7; 11; 12 (Private Collection); 42 – J. Sureda, Los Mundos de Goya, Barcelona 2008: 19 (Madrid, Colección Marqués de la Romana) – Universitätsbibliothek Heidelberg: 22 – Archiv Autor: 43.